El NIÑO QUE FUI, *el* ADULTO QUE ELIJO SER

DRA. MARÍA ALEJANDRA RUIZ

El NIÑO QUE FUI, *el* ADULTO QUE ELIJO SER

Sana tus heridas emocionales y vive sin culpas ni resentimientos

Grijalbo

El papel utilizado para la impresión de este libro ha sido fabricado a partir de madera procedente de bosques y plantaciones gestionadas con los más altos estándares ambientales, garantizando una explotación de los recursos sostenible con el medio ambiente y beneficiosa para las personas.

El niño que fui, el adulto que elijo ser
Sana tus heridas de la infancia y vive sin culpas ni resentimientos

Primera edición: agosto, 2025
Primera reimpresión: diciembre, 2025

penguinlibros.com

ISBN: 978-607-386-184-7

Impreso en México – *Printed in Mexico*

*Dedico este libro a quienes se sienten rotos
o vacíos y hoy buscan respuestas. A quienes
no saben cómo comenzar el cambio que quieren ver
en su vida, y desean con todas sus fuerzas conocerse,
cambiar patrones y vincularse afectivamente
de manera segura, sin drama, miedo y angustia.
Este libro es para ustedes.*

ÍNDICE

AGRADECIMIENTOS

A mi madre, que ha hecho un trabajo invaluable en mi crianza y la de mi hermana, a pesar de su propia herida de ausencia.

A mi hija Amelia, que ha llegado a mi vida para sacarme de mi zona de confort y ayudarme a sanar mis propias heridas.

A mis consultantes, gracias por abrir su corazón, incluirme en el proceso individual de cada uno de ustedes y confiar en mí. Gracias a ustedes puedo compartir con millones de personas lo que hoy sé.

INTRODUCCIÓN

El libro que tienes en tus manos ha sido escrito con un propósito educativo y de desarrollo personal. Espero que su lectura pueda ser un referente, tanto para lectores no especializados que quisieran recibir una orientación confiable desde un punto de vista clínico en relación con temas de la psicología como la autoestima, las heridas de la infancia, nuestra manera de vincularnos en las relaciones de pareja y la gestión de las emociones, como para aquellos psicólogos, *coaches* y orientadores que deseen saber de estos tópicos con el fin de conceptualizar y aplicar este conocimiento de forma concisa en sus espacios terapéuticos.

Por otro lado, este libro también forma parte de un autodescubrimiento y un trabajo personal muy significativo para mí; por eso, la forma en la que lo he constituido es muy íntima y está dirigido a ti, pues deseo que aprendas, utilices esta información y hagas algo beneficioso con ella. Es mi ilusión que te ayude a abrir puertas y que con él logres descubrirte, comprenderte y encontrar las respuestas a muchas interrogantes que has tenido a lo largo de tu vida y que hoy continúan lastimándote.

Por ello, el enfoque que me gustaría presentarte está basado en una perspectiva clínica y diagnóstica, en virtud de mi experiencia a lo largo de mi carrera trabajando con individuos en prisiones de máxima seguridad en los Estados Unidos, niños al cuidado del Estado, víctimas de abuso sexual, así como del resultado de mi trabajo de investigación en mi práctica privada.

Como psicóloga clínica, he sido testigo del dolor emocional en todas sus formas y en lo más profundo del alma en niños, adolescentes y adultos. Por ello, me siento preparada para presentarte la siguiente información, ya que ha sido producto del trabajo de años de recopilación de casos clínicos y acompañamiento en el proceso de sanación.

Hoy en día se habla mucho acerca de la sanación de las heridas, sin embargo, es muy difícil llevarlo a la acción, y la razón es que sanar es un asunto muy personal, no hay un protocolo para sanar una herida, pues el dolor es subjetivo: lo que para ti ha dejado una herida para otra persona no tiene que serlo necesariamente. Identificar aquello que te duele y que te causa tristeza te sirve para comprender tu propia interpretación de situaciones actuales que tienen sus raíces en experiencias pasadas.

Con la información que encuentres aquí podrás identificar los patrones, analizar tu conducta y trabajar en ello. Mi esperanza es que a partir del primer capítulo puedas empezar a analizar las situaciones que te generan malestar emocional, con miras a otorgarles un significado distinto. De igual manera, espero que logres comprender a las personas más importantes para ti, puesto que al finalizar la lectura habrás obtenido suficiente información, la cual te permitirá liberar algunos de tus juicios frente a otros y su comportamiento.

Deseo que este libro sea educativo y de motivación, porque creo que la fusión de estas cualidades puede generar un mayor impacto que puedas recordar y que sea de apoyo para tu vida en general. Espero que te sirva para que tengas un diálogo contigo mismo, donde escribas letra por letra lo que piensas respecto a la situación que te ocupa con un tono esperanzador.

CAPÍTULO I

LAS HERIDAS DE LA INFANCIA Y SU IMPACTO EN LA VIDA ADULTA

LA HERIDA DE AUSENCIA

En psicología empleamos el concepto de abandono para hacer referencia no solo al abandono físico, sino también al abandono emocional real o percibido en la infancia mientras estuvimos al cuidado de un adulto. Este último sucede, por ejemplo, cuando los niños no reciben la atención o el tiempo de calidad que necesitan, o cuando por alguna razón no pueden establecer una conexión genuina con sus cuidadores.

Este tipo de ausencias física o emocional de los padres pudo haberse dado por asuntos laborales, económicos, enfermedad o muerte y, en general, hace alusión a todo evento en el que el niño o el adulto experimenta una sensación de soledad frente a la ausencia de algo o alguien significativo.

Por esa razón, desde el principio es importante que puedas saber que no todos nos identificamos con una herida.

LA CREENCIA POPULAR ES QUE TODOS TENEMOS UNA HERIDA DE INFANCIA. NO OBSTANTE, LA MAYORÍA NO LOGRA IDENTIFICARLA DESDE EL PRINCIPIO.

Aunque, en efecto, hay carencias que tienen su origen en los primeros años y que luego generan una especie de vacío emocional en las personas, ¿quién en algún momento de la vida no ha sentido que algo le falta y ni siquiera sabe cómo identificarlo?

Por lo general, experimentamos esta ausencia al momento de tomar decisiones importantes respecto a nuestra vida, frente al miedo que nos causa estar solos o ante la posibilidad de afrontar los cambios inesperados, lo cual se evidencia en nuestra insistencia o en la necesidad de sostener vínculos afectivos con las demás personas.

Esta ausencia es incluso más pronunciada en personas que tienen un alto nivel de perfeccionismo, la necesidad de aprobación y el miedo a mostrarse tal cual como son, con sus defectos y virtudes, por el temor a decepcionar y, como consecuencia, revivir el abandono.

Debemos tener en cuenta que nuestros cuidadores vivieron, en su mayoría, en una generación en la que la demostración de afecto era poco usual, la salud mental era un mito o asunto para "locos" y la crianza se basaba en el temor que conocemos como "respeto".

Quienes vivieron el abandono por parte de uno o ambos padres es probable que hoy en día sientan ausencia de seguridad en sí mismos, sentimiento de tristeza, temor a reexperimentar el mismo dolor, o resentimiento por todas las situaciones que tuvieron que enfrentar a causa de la ausencia de alguno de ellos en su vida.

Antes de continuar, puesto que en este capítulo y quizá a lo largo del libro estaré haciendo referencia a ciertos aspectos de la crianza, quisiera dejar claro que estas páginas no tienen el propósito de condenar a los padres y mucho menos culparlos o hacer de ellos un objeto de juicio, pues ellos también tienen creencias adquiridas que consideran inocuas y que les inculcan a sus hijos desde que están pequeños.

Tampoco pretendo persuadirte para que perdones a la fuerza a quien sea que te haya lastimado en tu niñez. Lo que sí deseo de corazón es que el contenido de este libro te haga adquirir una perspectiva coherente que te libere y permita orientarte hacia tu proceso de sanación y aceptación de quien eres hoy en día.

En varias ocasiones, en la consulta me encuentro con pacientes que vienen a trabajar conmigo historias cargadas de mucho dolor, abandono físico y emocional a raíz de la negligencia, la indiferencia y de las experiencias traumáticas que vivieron en su niñez. Y por otro lado están los que vienen a terapia y me dicen: "Mi mamá ha sido una mamá ejemplar", o "Mi papá ha sido un padre excepcional", no obstante, eso no significa que el método de crianza y la forma en la que abordaron algunos temas en la infancia de sus hijos, tales como la falta de tiempo de calidad para dedicarles, la falta de amor y comunicación asertiva no les haya afectado.

LOS PADRES TIENEN UNA MANERA DIFERENTE DE CRIAR A SUS HIJOS

LA FORMA COMO FUIMOS CRIADOS CONTRIBUYE DE MANERA SIGNIFICATIVA A NUESTRA PERSONALIDAD EN LA ADULTEZ.

A continuación, te hablaré de diferentes estilos de crianza con los cuales podrás identificarte. Esta información es relevante porque te permitirá conceptualizar y entender el porqué de algunas actitudes y comportamientos.

Existe evidencia científica que respalda que el estilo de crianza tiene grandes efectos en nosotros como adultos.[1] Por ejemplo, si tus padres fueron autoritarios, establecían reglas estrictas en exceso y los errores se castigaban severamente, es posible que en tu adultez sientas falta de afecto o te cueste socializar y tomar decisiones por miedo a equivocarte. Este estilo de crianza se caracteriza por la inflexibilidad y las expectativas exageradas de los padres hacia sus hijos, que terminan desencadenando fuertes episodios de ansiedad y depresión.

Por otra parte, la falta de tiempo de calidad con los hijos influye en su desarrollo. Por ejemplo, el caso de alguien que creció con una familia numerosa, que casi nunca sintió ser prioridad para sus padres debido a la cantidad de obligaciones que había por delante. O también alguien que tuvo que luchar por la atención de sus padres o destacarse en la escuela para

---

[1] Terrence Sanvictores y Magda D. Méndez, "Types of Parenting Styles and Effects on Children", en StatPearls [internet], Treasure Island (FL), *StatPearls Publishing*, 18 de septiembre de 2022. PMID: 33760502.

obtener un poco de reconocimiento, ya que de otro modo hubiese sido ignorado.

Con estos ejemplos me refiero a una ausencia de acompañamiento, que más tarde se verá reflejada en el miedo a la soledad y la necesidad profunda de siempre tener la compañía de alguien más. Muchos se identifican con esta herida cuando no logran comprender por qué necesitan con desesperación retener a una persona en una relación, o por qué continúan vinculados con amistades y otros sujetos que más allá de la presencia física solo detonan más inseguridad y soledad en ellos mismos.

Las personas que crecieron sin sentirse prioridad son hoy en día adultos que piensan que acumular títulos, tener o destacarse más es una manera de ser valorados. Alguien que tuvo que luchar por un poco de atención por parte de sus cuidadores tendrá en su adultez un sentimiento de impotencia, enojo interno e insuficiencia, sin importar lo que haga para sentirse mejor.

PADRES O CUIDADORES CON PROBLEMAS DE SALUD MENTAL

Siempre he pensado que la falta de conocimiento acerca de la salud mental es un gran problema, no solo por la carencia de tratamiento, sino por la poca información que se considera cuando una persona que está lidiando con algún trastorno está a cargo de la crianza de un niño.

Tal es el caso de alguien que, por condiciones como la depresión, trastornos de la personalidad o el estado de ánimo como la ansiedad e incluso alcoholismo y la dependencia a las sustancias, crio a sus hijos y no estuvo completamente presente con ellos, a pesar de amarlos. Esas carencias crean una herida a la que denominaremos herida de ausencia, ya que no fue que los padres o cuidadores no quisieron brindarles atención o los abandonaron de forma directa. De hecho, en muchas oportunidades quisieron hacerlo, aunque en ese momento no hubo o no se dieron las condiciones para que ese amor y esa compañía estuvieran presentes en la crianza.

Cabe resaltar que desde temprana edad nos enfrentamos a diferentes obstáculos. Sin duda, ninguna edad es más fácil que la otra, ya que cada etapa trae su propio desafío. De hecho, en la teoría de las ocho etapas del desarrollo humano propuesto por Erickson[2], cada etapa trae consigo una serie de desafíos.

Estas etapas se identifican como: la confianza versus la desconfianza, que comienza desde el nacimiento hasta los 18 meses; la autonomía versus la vergüenza y la duda, que surge entre los dos y tres años; la iniciativa versus la culpa, en la edad del juego; la industria versus la inferioridad, en la edad escolar; y, finalmente, la identidad versus la confusión, que se manifiesta en la adolescencia.

Pasar por cada una de estas etapas sin el acompañamiento adecuado de un adulto responsable o emocionalmente dis-

---

[2] Gabriel A. Orenstein y Lindsay Lewis, "Eriksons. Stages of Psychosocial Development", en StatPearls [internet], Treasure Island (FL), StatPearls Publishing, 7 de noviembre de 2022. PMID: 32310556.

ponible trae graves consecuencias para la personalidad y el funcionamiento correcto de un individuo en su adultez.

Por lo tanto, un niño que tiene que adoptar el rol de cuidador de su propio padre o madre por problemas de salud mental, a la larga se convertirá en una persona a la que le costará reconocer sus propias necesidades, tendrá serios problemas para establecer límites y la exigencia constante de buscar aprobación en terceros. Así, la ausencia de sus padres se verá reflejada en su autoestima y su necesidad de salvar o cuidar a otros.

Cabe mencionar que los niños que asumen el rol de cuidadores de sí mismos, de sus hermanos y de los padres cuentan con muy pocos recursos para gestionar sus emociones, pues no tienen la posibilidad de expresar lo que sienten y de ser escuchados, y por tal razón aprenden que nunca son prioridad, sino que aprenden a madurar con rapidez y suelen recibir mucha presión para que se comporten muy diferente a su edad.

Algunos aprenden a sentirse orgullosos de esto, aunque el verdadero sentir siempre es que les encantaría ser cuidados y protegidos como lo son los demás niños que ellos observan alrededor. En terapia es común escuchar a muchos relatar cómo les sirvieron de terapeutas a sus padres y cuidaban de su estado de ánimo para que las cosas en casa no empeoraran: "No le contemos a mamá lo que me pasó para que no se enoje, o no se ponga peor", es una frase muy común en este tipo de entornos. Por lo tanto, son eternos pacificadores, buscan no generar conflicto de ninguna manera y, en consecuencia, no gozan de muy buenas habilidades para comunicar lo que piensan, sienten o necesitan.

PADRES ALCOHÓLICOS Y LA AUSENCIA DE SEGURIDAD

Los padres que sufren de problemas de alcoholismo, a pesar de estar físicamente presentes, no siempre representan una compañía de calidad para un niño. Como podrás ver, de todas las heridas, considero que la que deja una madre o un padre alcohólico tiene grandes repercusiones en la vida de un adulto, ya que esta herida deja una ausencia de afecto, de justicia, de verdad, y un resentimiento que perdura a través de los años.

En este caso no estamos hablando de abandono, sino de una ausencia global, ya que el padre, pudiendo ejercer su rol, está inhabilitado para hacerlo. Quienes viven esta situación todos los días tienen una lucha constante por intentar cambiar y mejorar una situación que en la adultez se convierte en una ansiedad crónica que se evidencia en el ámbito laboral, familiar y en las relaciones de pareja. Esto es lo que causa que intenten "cambiar la historia, ser diferentes a su mamá" cuando buscan a alguien que también tiene problemas de alcoholismo.

Un niño que convive con un padre alcohólico experimenta vergüenza y rechazo, sin mencionar posibles episodios traumáticos si el padre además es violento o tiene discusiones con los demás miembros de la familia. Numerosos estudios científicos han demostrado que las consecuencias a largo plazo son múltiples, como desarrollar ansiedad, depresión, dependencia a sustancias, entre otras.[3]

Vivir con un padre alcohólico causa una falta de seguridad en la vida del niño con efectos perdurables, y en la adultez este podría convertirse en alguien poco tolerante, perfeccionista y muchas veces con problemas para encontrar su misión en la vida.

CUIDADORES DEMASIADO PERMISIVOS

La herida de ausencia también hace referencia a casos en los que los padres eran muy permisivos y emocionalmente desvinculados. Como consecuencia, no hubo estructura de límites y ningún tipo de acompañamiento en las distintas fases del desarrollo del niño.

Hay estudios que han demostrado que el estilo de crianza de estos padres tiene como característica principal una ausencia importante de comunicación y tutoría. Todo esto causa que estos niños se vuelvan autosuficientes en diferentes áreas, pero tengan problemas para regular lo que sienten,[4] y por tal razón les cueste adaptarse a las reglas sociales.

[3] Robert F. Anda, Charles L. Whitfield, Vincent J. Felitti, Daniel Chapman, Valerie J. Edwards, Shanta R. Dube y David F. Williamson, "Adverse Childhood Experiences, Alcoholic Parents, and Later Risks of Alcoholism and Depression", *Psychiatric Services*, 53(8), 1001-1009, agosto de 2002. https://doi. org/10.1176/appi.ps.53.8.1001.

[4] Grace A. Wischerth, Matthew K. Mulvaney, Marc A. Brackett y Donna Perkins, "The Adverse Influence of Permissive Parenting on Personal Growth and the Mediating Role of Emotional Intelligence", *The Journal of Genetic Psychology*, 177(5), 185-189, 26 de septiembre de 2016. DOI: 10.1080/00221325.2016.1224223.

Al crecer, tienden a convertirse en personas muy impulsivas, exigentes y egoístas. En mi experiencia profesional me he encontrado con frecuencia con este estilo de crianza en individuos privados de libertad por crímenes de ofensa sexual, drogas y otros delitos mayores. De hecho, en algún momento, mientras trabajaba en el Departamento de Correccionales de Máxima Seguridad, en Wisconsin, un preso me comentaba en su entrevista clínica la falta de supervisión de sus padres cuando tenía nueve años y todas las experiencias que surgieron a partir de ese momento.

De manera que la ausencia de límites también representa soledad, falta de acompañamiento y mentoría para aprender habilidades y normas sociales esenciales para la vida.

CUIDADORES SOBREPROTECTORES Y LA AUSENCIA DE INDEPENDENCIA

Caso contrario es cuando hay sobreprotección y los padres están pendientes de manera excesiva de lo que hace su hijo, marcando así una ausencia de independencia de espacio y de límites respecto al otro. Frente a esta situación es necesario comprender que un padre con altos niveles de ansiedad y miedos sin trabajar impactará de manera directa en sus hijos, quienes, como consecuencia, en la adultez contarán con serios problemas para tomar decisiones frente a su vida y manifestarán sentirse perdidos de cara a sus intereses y vocaciones.

Esta herida causa dependencia emocional en las relaciones y podríamos decir que en una importante cantidad de personas se observa una anulación personal que impide todas las áreas de funcionamiento del individuo, ya que un padre sobreprotector evitará al máximo cualquier posibilidad de tomar riesgos, por pequeños que sean, lo cual limita la exploración y el aprendizaje.

Las personas que han tenido padres sobreprotectores no cuentan con las herramientas suficientes para gestionar emociones como el miedo, en consecuencia, la incertidumbre y los cambios les causarán gran estrés en su vida. De hecho, existe evidencia científica que indica que los hijos de padres sobreprotectores tienen tendencia a desarrollar síntomas somáticos.[5] Así que no es inusual encontrar en consulta a personas que con frecuencia se quejan de dolores físicos en relación con la emoción que están experimentando, ya que esta última se convierte en un mecanismo de defensa.

En consulta, la presentación típica de las personas con este perfil está marcada por depresión crónica y ansiedad, al no sentirse autosuficientes en las áreas de funcionamiento laboral, profesional y afectiva.

Como podrás darte cuenta, no todo es una herida de abandono, sino que hay casos en los que el método de crianza genera un impacto que en la vida adulta se refleja como ausencia de confianza, de autonomía, de amor propio, falta de límites

[5] Karin A. M. Janssens, Albertine J. Oldehinkel y Judith G. M. Rosmalen, "Parental Overprotection Predicts the Development of Functional Somatic Symptoms in Young Adolescents", *The Journal of Pediatrics*, 154, 918-923.e1, junio de 2009. DOI: 10.1016/j.jpeds.2008.12.023.

y de aceptación propia y dificultad frente a la toma de decisiones importantes.

DESCUBRES TUS HERIDAS EN LOS MOMENTOS MÁS CRÍTICOS

No es casualidad que te estés enterando de que tienes heridas en el momento más difícil. Cuando las personas tratan de hallar el origen de este tipo de problemas acuden a terapia a raíz de situaciones que les han ocurrido en el ámbito emocional, familiar, laboral y romántico, y que no saben cómo gestionar.

Es posible que en este mismo momento estés pasando por una ruptura, una situación difícil con tu actual pareja, un desacuerdo familiar, un cambio significativo en tu vida, o quizá frente a una situación que te está obligando a salir de tu zona de confort para encontrarte. Si ese es tu caso, quiero que sepas que es bastante común que esto suceda cuando todo parece estar al revés en tu vida.

A menudo recibo en mi consulta a personas que experimentan poca habilidad para gestionar la ansiedad y la incertidumbre. El abordaje de esta situación en terapia incluye reconocer momentos en los que alguien con este problema se ha sentido con el mismo miedo y la misma intensidad de ser abandonado, rechazado o desaprobado, y te puedo asegurar que alrededor del 90% conserva memorias de su niñez.

Cuando hablamos de celos, en muchos casos las personas son capaces de asociar la infidelidad de alguno de los padres o la rivalidad entre hermanos o familiares por el cariño y la atención, y suelen referirse a esta herida como "la herida de traición". Sin embargo, yo he decidido llamarla la herida de ausencia de confianza, porque ser testigo de la infidelidad de alguno de los padres o sentir la tristeza del abandono del hogar de cualquiera de los dos por perseguir otra relación deja una sensación de vacío en las personas.

Esta situación para algunos se ha internalizado y se ha convertido en la creencia de "no soy elegido". Con el tiempo, notas que una persona con esta herida lucha constantemente para permanecer en la vida de alguien que la rechaza o que termina dejándola por otra opción.

En terapia y con numerosos pacientes, me he percatado de que la ausencia de lealtad o confianza afecta gravemente la capacidad de confiar. De alguna manera, presenciar la ruptura de los padres a causa de una infidelidad es una experiencia traumática y la mente de un niño no está desarrollada para comprender esta situación de la manera en que lo haría un adulto. Por esta razón, no es poco común que muchas relaciones afectivas fracasen, ya que los celos se presentan como la necesidad de controlar y evitar un abandono en el futuro.

La ausencia de acompañamiento y cariño se refleja en la dificultad para tomar decisiones, formar relaciones con otros, mantenerlas de manera estable y segura y la sensación de que en cualquier momento la relación se terminará, debido a la falta de estabilidad en el matrimonio mientras los hijos estaban creciendo con sus padres. De igual manera, no reconocer esta herida te obliga a repetir patrones y a buscar parejas con rasgos parecidos que terminan confirmándote una y otra vez tu herida y creencia en el amor.

Por otra parte, es posible que este dolor se esté despertando a raíz de la relación actual con tus amistades o con tu misma familia. El dolor de sentir la desaprobación de las personas que representan un apoyo importante y significativo puede ser pulsante, y es probable que esta situación te esté obligando a aceptar condiciones con las que no estás de acuerdo, todo con el fin de sostener ciertos vínculos.

¿CÓMO SABER QUE TIENES UNA HERIDA DE AUSENCIA?

Es fácil identificar que tienes una herida de ausencia, porque constantemente buscas en otros lo que no logras darte a ti mismo, tal como la atención, el cariño, ser prioridad e incluso la misma consideración y empatía. Aunado a esto, sentir malestar, sentirte atascado en una situación afectiva, no saber cómo tomar decisiones, no ponerles límites a otros por no decepcionarlos, no avanzar con tus metas y proyectos, la baja autoestima y la repetición de patrones son indicios de que tienes algo que revisar.

Cuando tienes una herida de ausencia te cuesta ser vulnerable, puedes mostrarte ante los demás como una persona independiente y emocionalmente regulada, pero en realidad te cuesta pedir ayuda, e incluso puedes tener problemas con el merecimiento. Hay una búsqueda incesante de cercanía y afecto.

Sabrás que hubo una ausencia que te afectó de forma importante en dos situaciones puntuales: la primera se debe a que repites patrones en diversas relaciones. Incluso con tus familiares y con el resto de la gente sientes miedo respecto a la ausencia de cualquiera de ellos en tu vida. Permaneces en relaciones afectivas que te han agotado emocionalmente o te han quitado la paz. La necesidad de sostener una relación que no funcionó hace mucho tiempo está ligada con el miedo a vivir en soledad o con la ausencia de afecto de la que fuiste sujeto en la niñez.

La segunda característica tiene que ver con regular, entender y canalizar las emociones. Como ya lo mencioné, quienes tienen una herida de abandono tienen muchas dificultades para regular sus emociones, les resulta difícil calmarse cuando están enojados, actúan de manera impulsiva, piensan poco en las consecuencias de sus actos, les gana la ansiedad por lograr lo que quieren en determinado momento y tratan de hacerlo de formas que no son saludables y adecuadas.

En otros casos, aunque la persona no actúe de manera impulsiva o agresiva, manifiesta una ansiedad permanente que la agota a nivel físico y emocional, porque puede ser alguien que se calla lo que siente con tal de no ser un inconveniente para otros y evitar el conflicto a toda costa.

En la vida adulta es más evidente, dado que cuando las personas no tratan esas heridas suelen tener muchos roces con aquellos que los rodean y que, por lo general, también tienen heridas particulares.

En resumidas cuentas, la herida de ausencia se caracteriza por un miedo, a veces irracional, de perder a la persona, o el miedo a no ser suficiente para alguien más. Es decir, se manifiesta a través de mucha inseguridad.

TUS HERIDAS TAMBIÉN VIENEN DE EXPERIENCIAS QUE NO TIENEN QUE VER CON TUS PADRES

Un punto importante es que debes saber que la herida de ausencia puede ser creada o reforzada por el exterior y no solo por los familiares. Supongamos un caso en el que un padre muere cuando su hijo está pequeño y ese hecho le genera al niño una herida de abandono. Por otro lado, en la escuela envían a los mejores amigos del niño a otro salón y él se queda sin conocer a nuevos compañeros, algo que puede terminar reforzando su primera herida de ausencia.

Quiere decir que las heridas de ausencia se pueden llegar a producir en contextos externos no familiares y algunos escenarios pueden reforzarlas. Encontramos escenarios como emigrar, rupturas de pareja, las separaciones o pérdida de personas significativas, etcétera. No obstante, es fundamental que tengas en cuenta que la mayoría de esas heridas ocurre en la infancia a razón de que en esa etapa establecemos las primeras relaciones con los que nos rodean y aprendemos a interactuar emocionalmente con ellos.

LAS HERIDAS DE AUSENCIA SE PUEDEN LLEGAR A PRODUCIR EN CONTEXTOS EXTERNOS NO FAMILIARES Y ALGUNOS ESCENARIOS PUEDEN REFORZARLAS.

Los seres humanos forjan su autoestima dependiendo del tipo de relación que constituyen con sus padres o cuidadores. Esta es una etapa crucial, ya que de ahí se deriva nuestra formación de la autoestima, y esas relaciones construyen nuestra confianza en virtud de lo que aprendemos de las personas que estuvieron a cargo de nuestro cuidado.

LOS SERES HUMANOS FORJAN SU AUTOESTIMA DEPENDIENDO DEL TIPO DE RELACIÓN QUE CONSTITUYEN CON SUS PADRES O CUIDADORES.

Necesitamos esa interacción con ellos para aprender a relacionarnos con los demás. Hay casos en los que los niños crecen escuchando a uno de los padres que le dice con frecuencia: "Es que no eres tan inteligente y eso es para la gente que es más brillante", "Eres muy distraído". Desde ese momento el niño manifiesta la ausencia de confianza y reforzamiento positivo.

La autoestima se forma a temprana edad, aunque no necesariamente en la niñez, sino que también puede ser en la adolescencia. Ese acompañamiento de las personas más cercanas a nosotros define nuestras creencias, así como nos vemos a nosotros mismos y percibimos el mundo en el exterior.

SEÑALES DE HERIDA DE AUSENCIA

El miedo al abandono puede surgir por diversas razones, bien sea porque no has alcanzado tus metas, no te sientes merecedor de lo bonito que te sucede, te sientes atascado con la vida que tienes actualmente y, en general, por temas relacionados con una baja autoestima. Este miedo se manifiesta en la inconformidad constante con las propias decisiones y el estrés por querer hacer lo mejor para todas las partes involucradas, con el fin de no decepcionar.

Existen características muy particulares en personas con esta herida y probablemente podrás identificar a varias en esta categoría. En aquellos que tienen herida de abandono se percibe una necesidad excesiva de aprobación y validación constante, quieren que los demás los acepten y procuran estar en círculos sociales en los que no desean permanecer, tratan de hacer lo posible por quedarse y al final terminan sintiendo ansiedad y mucho malestar. Incluso, algunos experimentan ansiedad social y por causa de ese abandono y de ese miedo al rechazo tienen dificultad para conservar vínculos, debido a que procuran estar con cualquier tipo de gente y no con quienes aportan algo a su bienestar.

Por otro lado, tienen dificultades para establecer relaciones significativas, puesto que el comportamiento de las personas con herida de abandono es como sostener la fachada de alguien muy agradable, pero que en el fondo esconde sus verdaderos sentimientos y casi siempre responde que todo está bien cuando se le pregunta cómo está.

También se esfuerzan por ayudar de forma excesiva, incluso si su propio bienestar se ve afectado, con tal de estar presentes para alguien más. Al final se sienten muy solos, puesto que les entregan el 100 y hasta el 200% al resto, y resulta que cuando necesitan ayuda nunca tienen a esa otra persona que pueda estar para ellos y no saben ni siquiera a quién acudir. Son personas que les tienden la mano a sus conocidos en casi todos los aspectos y que, además, en sus relaciones sentimentales se pueden convertir en codependientes. En otras palabras, tienden a confundir la generosidad con la ausencia de límites y el sacrificio excesivo.

Cuando alguien tiene una herida de ausencia o de abandono, en casos más severos cae en el autoabandono y deja de cuidar de sí mismo, además experimenta mucha culpa cuando decide hacerlo, pues para él todos los demás son prioridad. De esa forma, ni siquiera se posiciona en un segundo plano, más bien se desplaza a un punto en el que parece que no hay lugar para él y deja de ser la prioridad en su propia vida.

También llegan a descuidar su salud y con facilidad se acuerdan de que su hermana, su prima, su tío o cualquier conocido tiene alguna cita médica, en lugar de atender su salud. En raras ocasiones se ocupan de sí mismos dado que siempre están pensando cómo darles regalos a otras personas y tienden a descuidar sus necesidades para poder cubrir los deseos y las necesidades de los demás.

Son personas que se sienten solas la mayoría del tiempo, porque casi nadie entiende en realidad lo que necesitan. Aunado a esto, muchos son perfeccionistas a toda costa, con el fin de evitar la ausencia del otro. En consecuencia, son muy exigentes consigo mismos y rara vez se detienen para pensar y decirse: "Cálmate, todo está bien", sino que solo prevalece una autoexigencia desmesurada.

Suelo referir en sesión que alguien que tiene una herida de abandono es muy probable que se tope con alguien con heridas emocionales que complementen y refuercen la ausencia. En un caso hipotético, si tienes características de una persona con herida de abandono y todo lo que haces es esforzarte para tratar de sostener un vínculo, el tipo de persona que vas a conseguir es alguien a quien no le interese trabajar en la relación, alguien a quien le cueste pensar en ti y tus necesidades, ya que esto refuerza la ausencia que viviste en el pasado.

En ese caso, es muy común que una persona con herida de abandono se relacione con otra que tenga una posición cómoda frente a la relación, que le dé igual si la llaman o no, si se vieron o no, es alguien a quien solo le gusta recibir, porque la persona con herida de abandono se asegura de que el otro cubra sus necesidades y se sienta satisfecho, tiene ojos y vive para él, mas no se ocupa de ella misma.

Al final, lo que puede suceder es que termine atrayendo a personas con rasgos narcisistas o con apego evitativo, inestables emocionales que manejan discursos como los siguientes: "En estos momentos no estoy listo para una relación". Son personas que un día te quieren y al siguiente día no; quieren estar contigo y después se desaparecen, en otra ocasión recogen toda su ropa y se van de la casa, son vacilantes y no tienen cariño para ofrecer.

A pesar de ello, el individuo con herida de ausencia se sentirá atraído por ese tipo de personalidad, dado que es a lo que está acostumbrado y se parece mucho a lo que ya conoce. De ahí a que muchas veces cuando supera ese tipo de herida y conoce a alguien que le brinda seguridad no se siente cómodo y lo percibe como una persona "demasiado disponible" que quiere estar todo el tiempo allí, por estar acostumbrado a una persona ausente y a hacer todo el trabajo de mantener la relación funcionando.

LA HERIDA DE EXCLUSIÓN

Las heridas de exclusión suelen experimentarlas aquellos que sienten que no merecen el cariño de los demás y que tampoco encajan con la sociedad. Se evidencia también en el hábito que puede tener alguien de tomarse todo de manera personal y atribuirse la culpa frente a temas que no le corresponden. También incluiría a las personas que, por una condición física o mental, por favoritismo o por temas de género se sintieron excluidas del amor de los padres.

Incluso, todos los apodos y sobrenombres que en apariencia son dichos con cariño también pueden generar una exclusión, debido a que marcan la diferencia respecto al resto de forma negativa y, aunque pareciera que son dichos con jocosidad, pueden generar heridas de rechazo que envían mensajes como: "No entras dentro de los cánones de la normalidad".

Otro ejemplo es el caso muy común de la niña que creció con hermanos varones y el papá tenía preferencia por ellos. La característica principal de esa herida es que, en la adultez, la mujer reacciona y se toma las cosas de forma muy personal y está pendiente de cualquier ataque con cierta hipervigilancia. Esta herida se perpetúa cuando decide establecer una relación con una persona machista que disminuye su rol de mujer y la hace sentir inferior por su género.

Un punto importante es que la herida de exclusión está relacionada con la herida de abandono en el sentido de que puede generar un apego inseguro ansioso, debido a que las personas tienen la sensación de que en cualquier momento las van a abandonar y se van a dar cuenta de que no son suficientes. En contraste con los que tienen una herida de abandono, estas personas deciden huir primero para no ser rechazadas. Esta es la diferencia fundamental entre estos dos tipos de herida, ya que, a pesar de tener la herida de rechazo muy activada o interiorizada, en esta ocasión la persona sí va a estar dispuesta a huir antes de que la rechacen.

Todos los seres humanos queremos pertenecer y tenemos la necesidad innata de formar parte de círculos sociales, pero el mensaje del discurso de "no eres igual que nosotros, sino diferente", implica que no eres suficiente para ser como los demás y que te falta algo, eres incompleto o "imperfecto". Cuando se crea la herida de rechazo, en lugar de tratar de encajar o pertenecer, se produce una reacción impulsiva para evitarlo.

La mayoría de las veces, del rechazo surgen interpretaciones sesgadas que en el futuro no siempre corresponden con situaciones en las que no hay un rechazo hacia la persona, sino que pudo haber sido algo accidental, donde la interpretación de la persona es sesgada, debido a que creció en un entorno en el que siempre hacían alusión a su físico, algo que frente a los demás marcaba la diferencia.

El caso del *bullying* sirve para ilustrar este concepto con mejor claridad, pues es una situación en la que una persona o un grupo de personas intenta hacer sentir mal a otra respecto de su apariencia y en la que siempre se hace alusión de forma negativa a los aspectos físicos del individuo. En situaciones de *bullying* suele ser notorio que el mensaje es "eres diferente y no encajas".

Cuando alguien tiene ese tipo de heridas está sobrepensando todo el tiempo o de forma automática se autorrechaza y se descalifica antes de que otros lo hagan. Por ejemplo, si mi padre era alcohólico y siendo una niña me daba vergüenza traer a mis amigos a la casa cuando estaba en la escuela porque mi papá siempre me hacía quedar en ridículo, en el futuro tendré la tendencia a pensar que soy diferente, dado que mi familia no era normal y a raíz de eso me voy a sentir excluida del resto de los niños.

CÓMO IDENTIFICAR LAS HERIDAS DE AUSENCIA O DE EXCLUSIÓN

Desde mi experiencia y conocimiento, la mejor forma de identificar una herida de abandono es en la inseguridad que la persona experimenta y proyecta en los demás, y con el miedo a perder a su pareja, sus amigos o familiares. A raíz de eso, empieza a tomar decisiones que ni siquiera están alineadas con sus intereses, sino por el mero hecho de sostener el vínculo con el otro.

Esa es una especie de bandera roja, indicio de que alguien está tratando de mantener una relación empleando una serie de medios y recursos por el miedo a que el otro se vaya. Usualmente se identifica que, si un paciente está tratando de sustentar el vínculo por miedo a ser abandonado, puesto que tiene una herida de ausencia y está evitando a toda costa no repetir la historia del pasado, cuando no se sintió querido y acompañado, manifiesta la tendencia a no repetir el patrón y evita situaciones similares en la medida de lo posible.

Un terapeuta puede identificarlo observando que la persona experimenta miedo a la soledad o a estar sola, o tiene una sensación de vacío que no sabe cómo llenar, incluso aunque esté con alguien. Tal es el caso de quienes expresan que tienen una pareja, pero que de igual manera se sienten vacíos y no logran sentirse satisfechos a pesar de todas las cosas que hacen por sostener la relación.

En otros casos es notorio en los vínculos donde las personas permiten cualquier tipo de tratos que estén por fuera de las estructuras de los límites, pues con tal de sostener ese vínculo con sus amigos, sus compañeros de trabajo o algún familiar y no experimentar la ausencia de los demás, rompen sus propios límites.

Para un terapeuta es indispensable, cuando se trate de detectar ese tipo de heridas, no abordar al paciente únicamente desde el abandono físico, sino que pueda analizar desde un punto de vista emocional el aspecto donde la ausencia estuvo más marcada, tales como la ausencia del refuerzo positivo de los padres, o si de pronto eran demasiado exigentes o muy estrictos. A la hora de descubrir este tipo de heridas, tienes que identificar si eres alguien que se toma todo de manera personal o sientes que no eres suficiente para dar la talla frente a los otros y ante las situaciones de la vida, ya que es un pilar muy importante de la autoestima.

Y para un terapeuta que esté trabajando con esta herida es necesario que pueda notar los discursos de autoexclusión: "No aplico en este trabajo porque sé que no me van a aceptar", "No doy el 100% en esta relación porque no voy a recibir lo mismo", "No me llevo bien con el resto de las personas porque no me aceptan por ser muy volátil". En esos discursos siempre está presente un calificativo desfavorecedor.

Estos discursos y creencias se basan en la autoexclusión, y la idea de la terapia es que puedas identificar esas áreas para poder abordarlas. Para tratar ese tipo de heridas debes desmontar todas esas creencias, elaborando un recorrido de las mismas. En primer lugar, debes responderte qué es lo que crees y piensas de ti mismo para que de esa forma puedas empezar a tomar decisiones y te arriesgues a enfrentar ese miedo a ser rechazado.

En mis terapias, para tratar el rechazo suelo hacer un ejercicio con mis pacientes que consiste en que durante una semana traten de exponerse a una situación en la que no sean tomados en cuenta, o incluso a una ausencia de respuesta. Por medio de cosas simples, como ir a una tienda y hacer preguntas respecto a algo que les llame la atención o tengan dudas, o llamar a esa persona para ver si no les contesta, la idea es que se expongan al miedo a ser rechazados para que se den cuenta de que en realidad no es como ellos piensan, pues muchas veces esa forma de pensar está regida por una distorsión cognitiva que funciona como una especie de filtro o lente para ver ciertas realidades, y en ese caso lo que hay que hacer es desmontar esa creencia.

Por otro lado, las heridas de abandono y de exclusión se evidencian en la mayoría de las cosas que el individuo llega a emprender en la adultez. Respecto a la idea de rechazo, puede haber dos categorías. En la primera están las personas que reaccionan con mucho enojo frente a los demás y tienen problemas para gestionar sus propias emociones. En segundo lugar están los que interiorizan el rechazo, se aíslan del resto, si los invitan a alguna actividad no quieren participar y tienden a evadir situaciones por no querer ser vistos y no sentirse excluidos.

Puesto que no han detectado y trabajado esta herida, son personas que supuestamente son muy tímidas o muy calladas. No obstante, lo que hay en el fondo de la situación es que no quieren ser vistas, dado que quieren evitar el dolor del rechazo. Por lo general, hay un motivo alterno a estas situaciones y el objetivo principal es poder ahorrarse la expectativa de que el rechazo pueda ocurrir.

Esta herida también se deriva del apego ansioso. Por ejemplo, quiero que una persona esté presente, solo que como no sé si lo hará, empiezo a conceptualizar la situación: "Creo que no estará, pues no soy suficiente, no doy la talla, no soy lo que esa persona pudiera esperar".

Aquellos que sufren de apego evitativo hacen todo lo posible por pasar desapercibidos y no conversar de las cosas que son importantes para ellos. No es algo que hagan de forma premeditada; lo que ocurre es que ellos no saben cómo hacerlo, ya que les genera mucho conflicto y creen que exponer su opinión es sinónimo de que nadie los va a escuchar o entender. Estas personas piensan que no importa lo que digan o hagan, pues los demás no lo van a percibir, lo cual genera ansiedad y miedo al rechazo en las personas con apego evitativo.

Muchos de los que comparten con otros que tienen un apego evitativo refieren que estos le huyen al conflicto, no les gusta hablar de lo que es importante, los evitan, cambian el tema y parecen estar siempre ausentes. Lo que pocos consideran es que quienes sufren de apego evitativo expresan que sienten una ansiedad terrible cada vez que tienen que hablar de cosas relevantes y, aunado a esto, experimentan demasiada incertidumbre por no saber expresar "lo que otros están esperando de ellos" o por no encontrar las palabras precisas que el otro quiere escuchar.

A veces, ni siquiera cuando hacen el intento logran verbalizar sus propias necesidades, puesto que, independientemente de lo que le digan al otro, temen que no le vaya a importar, no esté presente o no comprenda. Al final, muchas de las personas con apego evitativo se acostumbran a vivir con malestar y prefieren huir o evadir las relaciones para evitar todo ese conflicto.

Hoy en día está muy estigmatizado el apego evitativo, además de que muchos no se dan cuenta de que alguien con apego evitativo está tratando de evitar dolor; quiere cercanía, solo que no sabe cómo tenerla, puesto que le genera ansiedad. La mayoría de esas personas sufren de ansiedad social, la cual está relacionada con el miedo a lo que piensan los demás y al rechazo.

Este tema muchas veces no es dado a conocer a través de información adecuada, sino que se confunde mucho con los contenidos que vemos en las redes sociales, ya que toda esa información está tomada de personas que no trabajan de manera profesional y, en su mayoría, leyeron en internet, conocieron una persona con este problema, conocieron a otra y de ahí sacaron algunas conclusiones. A pesar de que se ha vuelto un tema generalizado, no quiere decir que sea de esa manera en todos los casos.

Hay personas que son evitativas y realmente quieren una relación sana, no obstante, cuando trabajamos con ellas nos damos cuenta de que el miedo a ser rechazadas es tan grande que incluso a nivel personal les cuesta mucho conectar con los otros, sienten miedo hacia su vulnerabilidad y a que los demás vean en ellas sus debilidades o deficiencias y se vayan. Muchos refieren esto en las consultas y expresan que les ocasiona dolor y malestar.

También debes saber que estas dos heridas son muy diferentes a las de una persona que tiene un problema de narcisismo, pues, por lo general, se piensa que alguien con apego evitativo tiene rasgos narcisistas. Aunque en algunos casos pudiera ser cierto, no se da en la mayoría, debido a que la característica principal del narcisismo es la ausencia de empatía, lo que no se adecúa muy bien con la descripción que estamos viendo de los tipos de apego.

Para cerrar este capítulo, quiero decirte que, si te sientes identificado con alguna de estas dos heridas, este libro tiene el propósito de ofrecerte una orientación confiable acerca de este y otros temas que encontrarás en él para que puedas hallar una esperanza y motivación frente a esta situación que te causa malestar.

TU LABOR AHORA EN LA ADULTEZ ES IDENTIFICAR LA RAÍZ DE ESAS HERIDAS, PODER CORREGIR ESA INTERPRETACIÓN Y DARLE UNA NUEVA NARRATIVA A ESO QUE YA VIVISTE.

Sí hay una solución, no es el fin del mundo, y esas dos heridas esconden problemas que en la actualidad pueden ser identificados y tratados, tales como la depresión crónica, la ansiedad generalizada, la ansiedad social, los trastornos de personalidad, el trastorno obsesivo compulsivo o ciertos rasgos de estructuras psicológicas.

Tu labor ahora en la adultez es identificar la raíz de esas heridas, poder corregir esa interpretación y darle una nueva narrativa a eso que ya viviste. Una persona con herida de abandono no tiene que sufrir toda la vida la ausencia de otros;

alguien con herida de exclusión no tiene que sentirse como el patito feo el resto de sus días.

Hay soluciones. Eso sí, debes trabajarlas con mucha responsabilidad. El primer paso es darte cuenta de que tienes un problema, puesto que no hay forma de que arregles una dificultad si no la has identificado o no estás consciente de que la tienes.

CAPÍTULO II

ACEPTA Y RECONOCE TUS HERIDAS

¿POR QUÉ ES IMPORTANTE ACEPTAR Y RECONOCER LAS HERIDAS?

Este pudiera ser el momento más difícil de tu vida, pero también el que más crecimiento te aporte si decides aprovechar la oportunidad de conocerte. Hay algo que nos conecta profundamente con las personas, y es poder sentir lo que los demás sienten, o por lo menos comprender y validar su experiencia.

Imagina lo poderoso que sería para ti reconocer y entender lo que sientes sin tener la necesidad de que sea alguien más quien lo descifre o que te brinde esa validación que tanto buscas. Es posible que dejes a un lado la necesidad de tener la razón, o de que alguien más reconozca que la tienes. También dejarías de sentirte tan mal cuando otros no logren entender cómo te sientes o te traten con indiferencia.

IMAGINA LO PODEROSO QUE SERÍA PARA TI RECONOCER Y ENTENDER LO QUE SIENTES SIN TENER LA NECESIDAD DE QUE SEA ALGUIEN MÁS QUIEN LO DESCIFRE O QUE TE BRINDE ESA VALIDACIÓN QUE TANTO BUSCAS.

De alguna manera, conocer tus heridas te permite validar tus propias experiencias, además de facilitar el entendimiento de otras personas y su comportamiento y, finalmente, perdonar. Siempre he pensado que para otros resulta muy fácil invalidar nuestras experiencias porque no son ellos quienes las han vivido. No obstante, que puedas aceptar y hacer las paces con lo que sucedió en algún momento será más que suficiente para que entiendas que tenías el derecho de sentir aquello que sentiste y que ahora tu historia e interpretación puede ser diferente.

CONOCER TUS HERIDAS TE PERMITE VALIDAR TUS PROPIAS EXPERIENCIAS, ADEMÁS DE FACILITAR EL ENTENDIMIENTO DE OTRAS PERSONAS Y SU COMPORTAMIENTO Y, FINALMENTE, PERDONAR.

Por lo general, cuando decidimos iniciar un proceso de terapia es común que busquemos algún psicólogo de orientación cognitivo conductual, psicodinámica, Gestalt, sistémica, entre otras. Aunque, la verdad es que, si no tienes el conocimiento acerca de estas áreas, encontrar al profesional ideal te será muy difícil, porque no todos los psicólogos se sienten cómodos o conocen cómo abordar este tema. De hecho, hay algunos que consideran que trabajar en los asuntos de infancia es de poca relevancia porque "ya sucedió".

En mi calidad de directora clínica he visto que muchos terapeutas emplean el enfoque con el que se sienten más cómodos en sus terapias y no se centran tanto en lo que necesita quien está sufriendo el problema. Me he percatado de que hay quienes van a terapia con ansiedad generalizada y síntomas como dolor de estómago, palpitaciones, taquicardias, temblores o ataques de pánico, y frente a esto la mayoría de los terapeutas se enfoca en el tratamiento de los síntomas, lo cual está bien, pues la idea es aliviarlos. Sin embargo, hay una parte del tratamiento que queda inconclusa y los pacientes o consultantes siguen sin saber qué es exactamente lo que está detonando ese horrible sentimiento de angustia y miedo hacia el futuro.

Sé que es muy complicado que puedas explicar con palabras que no logras dormir bien porque te quedas sobrepensando en lo que sucederá mañana y en los miles de escenarios posibles frente a una situación determinada. Y luego, cuando consigues conciliar el sueño, te despiertas de repente con una sensación de preocupación que no logras quitarte del pecho, como si se tratara de una pesadilla. En varias ocasiones hasta repites el mismo sueño la misma noche.

También es cierto que, frente a este tipo de situaciones, a veces sientes palpitaciones sin estar haciendo ejercicio, y no sabes cómo explicar la incomodidad que experimentas porque de repente tienes miedo y desconoces la causa. Sin mencionar todas las veces que te quedas pensando en lo que dijiste en una conversación anterior y te preguntas una y otra vez si pudiese tener un efecto importante. En otras palabras, tratas de adivinar si alguien pudo haberse molestado por lo que dijiste. A todo esto le llamamos ansiedad.

Decir algo como "tengo ansiedad" no te ayudará a comprender lo que estás sintiendo. Así que mi sugerencia es que siempre desmenuces esa gran palabra e identifiques si lo que tienes es miedo, angustia, frustración, soledad o incertidumbre; te aseguro que será más fácil para ti encontrar respuestas que cuando decides englobar todo tu sentir en una sola palabra.

La ansiedad encubre un miedo, al cual le subyace una herida, y la clave para identificar qué herida emocional tienes es detectando cuál es tu miedo específico, es decir, si te da miedo que los demás hablen mal de ti o no llenar las expectativas de los otros, es probable que tu herida de rechazo esté activada.

LA CLAVE PARA IDENTIFICAR QUÉ HERIDA EMOCIONAL TIENES ES DETECTANDO CUÁL ES TU MIEDO ESPECÍFICO.

No olvides que cuando esta herida está tan presente en tu vida es porque de alguna manera has experimentado la desaprobación de personas que son muy importantes para ti. La herida de rechazo, o más bien de desprecio, como me gusta llamarla, está muy enfocada en el miedo a sentirse aislado, diferente o a no ser parte de algo.

Por otra parte, ten en cuenta que cuando sientes un miedo profundo a estar solo, a que tu pareja deje de quererte o se aburra de estar en una relación contigo, es tu herida de abandono-ausencia la que está jugando un papel importante en tu malestar.

En el caso de los que acuden a terapia por depresión, el discurso con el que suelen llegar es que no se levantan de la cama, no les provoca hacer nada, tienen poco apetito o están comiendo mucho, no tienen ganas de salir de la casa y descuidan su físico y sus actividades. Si bien todos esos síntomas deben ser tratados, no se constituyen en la raíz del problema, puesto que este es mucho más profundo de lo que como terapeutas en diversas oportunidades estamos dispuestos a abordar.

La depresión, en mi teoría, esconde una ausencia en todos los niveles. Para empezar, en la confianza, porque la persona no cree en las capacidades propias ni en la capacidad de salir adelante. También esconde una falta de motivación y desconexión con la vida en general. Usualmente esto sucede cuando desconocemos nuestro propósito, no sabemos para qué trabajamos o qué queremos hacer con nuestra vida.

Ese vacío, al que muchos se refieren, se basa en no sentirse parte de nada, no encajar y vivir en modo de piloto automático. Las ganas de vivir se pueden apagar en ciertos momentos determinados de la vida, por ejemplo: a causa de una decepción, una ruptura, un cambio, e incluso del fallecimiento de un ser querido. En otras palabras, siempre que estemos frente a acontecimientos que requieren cambios significativos es cuando más ansiedad y desesperanza sentimos, en especial cuando no sabemos gestionar nuestras emociones.

De hecho, las implicaciones de sentirse no suficiente o mutilado emocionalmente son causa muy grande de depresión. Es necesario que quienes estamos en la profesión de ayudar a otros como *coaches*, psicólogos, terapeutas y psiquiatras consideremos que, aun cuando los síntomas se tienen que abordar, es más importante examinar a profundidad la causa de la situación.

Si estás leyendo este libro para iniciar un proceso de autodescubrimiento, lo que se requiere es que puedas identificar cuál es el miedo, qué lo está causando y des con el momento en que empezaron tus síntomas. En la mayoría de los casos, cuando les pregunto a mis consultantes acerca de su tristeza, expresan que ya se han sentido de esa forma, incluso, una vez que logramos profundizar, descubren que sienten el mismo miedo que experimentaron en la adolescencia por situaciones similares a las que están viviendo en la adultez. Son miedos que vienen reforzándose a lo largo de la vida y que de alguna manera no se han abordado, lo cual les causa malestar y tristeza.

A pesar de que existen varias dolencias que surgen a raíz de las heridas de la infancia, los dos problemas principales que presenta la gente cuando llega a consulta son la ansiedad y la depresión. Si bien es cierto que la depresión puede manifestarse por diversas razones, como herencia familiar genética, personalidad, enfermedades y cambios en el cerebro, es importante que podamos tener en cuenta que esas heridas están pronunciando y contribuyendo más al problema.

Sé que tomar la decisión de ir con un psicólogo no es fácil, porque implica asumir una posición vulnerable frente a una persona de la que no se tiene idea de quién es. No obstante, una vez que decidas hacerlo, te aseguro que será una experiencia que podrá cambiar tu manera de vivir ciertas situaciones. A terapia puedes ir cuando te cansas de complacer a los demás, de llenar sus expectativas, de dar vueltas en el mismo sitio, de tratar de salir de una relación abusiva o cuando la situación va mucho más allá de lo que puedes sobrellevar.

También puedes acudir cuando necesites encontrar respuestas a tus comportamientos y hallar una visión más clara de tu vida. De hecho, mi experiencia me ha demostrado que algunos de los que van a terapia por curiosidad o autodescubrimiento tienen algo que a nivel subconsciente desean trabajar o mejorar.

Muchos inician terapia con expectativas poco realistas frente a lo que van a vivir, y aquí enfatizo que, si alguien comienza un trabajo terapéutico solo señalando síntomas, tengo la certeza de que es el tipo de tratamiento en el que los pacientes no perduran más de cinco o seis sesiones, dado que se cansan rápido, en vista de que no les permiten la exploración profunda de sus problemas.

En cambio, cuando tienes una idea de qué es lo que quieres abordar, expandes y abres una serie de puertas para que puedas descubrirte, pues en terapia ocurre un proceso de conocimiento, perdón y aceptación en muchos niveles. No obstante, antes de ir a terapia debe haber una disposición de tu parte y un deseo de cambiar aquello que no te permite avanzar. Recuerda que, siempre que sentimos inseguridad frente alguna área de la vida, hay un temor subyacente.

TUS HERIDAS ESTÁN CAUSANDO OTROS PROBLEMAS

¿Alguna vez has escuchado frases similares a esta?: "Mi pareja no quiere cambiar". Los terapeutas solemos escucharlas en nuestros espacios. Resulta que, cuando analizamos el contexto de la situación y le preguntamos al consultante hace cuánto su pareja no está entregando lo mejor de sí misma para hacer que la relación funcione, nos damos cuenta de que es una relación que han sostenido durante años sin el trabajo de ambos, ya que ha sido en realidad una sola persona la que ha cargado con el peso de la relación y los problemas a su vez.

No es poco común encontrarse en consulta con personas que llevan años intentando comunicar lo que sienten sin ser escuchadas. ¿Alguna vez te has preguntado qué te impide tomar la decisión de escoger tu felicidad por encima de la opinión externa?, o ¿por qué continúas en esa relación tóxica, que lejos de brindarte paz y seguridad te tiene sumergido y agotado?, ¿qué hay de la tolerancia hacia esa persona que te promete cambios que no logra realizar, o hacia esa persona infiel y sin escrúpulos que sigues tolerando, aun cuando sabes y reconoces que mereces ser elegido?

En estos y en muchos contextos, tendemos a tener la creencia de que somos los salvadores o que tenemos la habilidad de reparar a otros, cuando en realidad no es el caso. No somos más que personas lastimadas en nuestra niñez con asuntos pendientes en nuestra adultez, porque todo aquello que quedó inconcluso, que no se atendió o que más bien no se entendió, tiene repercusiones en nuestra vida actual.

Es por esto que no es poco usual que, si el matrimonio de tus padres no funcionó a causa de infidelidad o por otros motivos, hoy en día tengas una desconfianza que no te permita relacionarte con tu pareja de una mejor manera.

NO SOMOS MÁS QUE PERSONAS LASTIMADAS EN NUESTRA NIÑEZ CON ASUNTOS PENDIENTES EN NUESTRA ADULTEZ.

Cuando los terapeutas examinamos a profundidad, nos damos cuenta de que esas heridas de carencia, de ausencia o de soledad repercuten en la forma como se relacionan con aquellos que dicen ser sus parejas, lo cual se traduce a que, si en el pasado estuviste en el rol de cuidador de tu mamá o de tu papá porque tenía un problema que no podía controlar por sí mismo, te vas a portar igual con otros.

Tus relaciones giran en torno a lo que ofreces y haces por los demás. De alguna manera te conviertes en el centro de apoyo de un grupo de personas que te necesita todo el tiempo. Sin embargo, es posible que no sepas cómo reconocer tus necesidades y aceptar ayuda cuando es necesario, prolongando así este tipo de situaciones sin límites. Repetir patrones es más común de lo que piensas, y esto sucede porque desconocemos nuestra historia o no hemos realizado un análisis profundo de lo que buscamos.

Los patrones son situaciones familiares que tendemos a repetir, y en la adultez podemos llegar a pensar que somos capaces de persuadir a otros para que dejen de comportarse de cierta manera. En ese momento entramos en el proceso de querer cambiar a los otros, y de ahí se deriva el agotamiento emocional de quienes van a terapia, pues se terminan dando cuenta de que es la herida de ausencia la que no les permite experimentar y validar sus propios sentimientos. En otras palabras, se pueden quedar estancadas en la misma herida de infancia y en el futuro trasladarla a sus relaciones en la adultez.

REPETIR PATRONES ES MÁS COMÚN DE LO QUE PIENSAS, Y ESTO SUCEDE PORQUE DESCONOCEMOS NUESTRA HISTORIA O NO HEMOS REALIZADO UN ANÁLISIS PROFUNDO DE LO QUE BUSCAMOS.

Respecto a las emociones, por lo general crecemos y nos quedamos estancados en lo que nos causó un trauma o malestar cuando éramos niños y, aunque físicamente cambias, a nivel emocional puedes seguir reaccionando con la misma intensidad y desespero en contextos similares a los que detonaban tu ansiedad en la infancia.

Como te comenté en el capítulo anterior, las personas recurren a los proyectos emocionales al darse cuenta de que hay algo que quedó inconcluso en su niñez. Si no lograste cambiar a tu papá a pesar de que intercediste por él, en tu adultez te establecerás ese proyecto, a causa de que tienes esa herida que sanar y querrás que en esta ocasión tu relación de pareja sea diferente. Todo esto para terminar haciendo las mismas cosas que hacían tus padres en algún momento. Por ello resalto la relevancia de reconocer cuándo hay heridas de miedo o de ausencia, ya que, de lo contrario, seguirás cargando esa misma ausencia en todas tus relaciones.

Lo que hayas aprendido en tu niñez es lo que vas a reflejar en tu adultez con tus relaciones, no solo con tus padres y parejas, sino con tus compañeros de trabajo, tus amigos y conocidos. Cada vez que sientas que no te va bien en un área o tengas malestar emocional, toma en cuenta que habrá otras áreas que serán afectadas, dado que una ausencia no causa efecto solo en uno, sino en todos los aspectos.

LO QUE HAYAS APRENDIDO EN TU NIÑEZ ES LO QUE VAS A REFLEJAR EN TU ADULTEZ CON TUS RELACIONES, NO SOLO CON TUS PADRES Y PAREJAS, SINO CON TUS COMPAÑEROS DE TRABAJO, TUS AMIGOS Y CONOCIDOS.

Supongamos que tienes una herida de exclusión y en tu adultez sientes la necesidad de permanecer en un grupo de trabajo en el que no te aceptan o crees que no te aceptan bien, y luego vas a consulta diciendo que sientes que siempre les caes mal a las personas o que terminan alejándose de ti. Tienes una herida que te hace estar a la defensiva y te cuesta mucho hacer el trabajo interno de ver cuál es el comportamiento que te hace ser menos placentero para los otros, amigable o amable, debido a que a las personas les cuesta acercarse a ti por tu forma de ser.

Es posible que sea un patrón interiorizado, por ejemplo, en el colegio te hacían *bullying* o tu mamá te decía que tenías mal comportamiento y que con ese temperamento quién te iba a querer, y lo llevas tan internalizado que tiendes a comportarte de esa manera y te condenas al fracaso en cada lugar al que vas sin saber que ese rechazo proviene de ti también, pues eres la primera persona en invalidarte y hablar mal de ti.

Es una herida de exclusión muy frecuente en las relaciones laborales y familiares en las personas que se catalogan a sí mismas como la oveja negra de la familia, ya que están muy acostumbradas a escuchar que no encajan dentro del círculo de los demás y son quienes se aíslan primero, producto de que es lo que han vivido desde su infancia.

Por otro lado, no deja de ser cierto que tu manera de ser, puesto que eso es lo que has aprendido, ha contribuido a ese tipo de situaciones. A nadie le gusta sentirse rechazado, excluido o que no forma parte de determinado entorno. De ahí se deriva una herida que causa otros problemas, tales como la incapacidad de mantener relaciones amigables estables, de llevarse bien con las personas en otros contextos y tomarse las cosas de forma muy personal.

De manera que la herida de exclusión se refleja en todas las áreas de tu vida y no únicamente en la familiar o de pareja, sino que también va a impactar de forma significativa tu relación con el entorno.

NEGAR LO EVIDENTE ES DECIRLE "SÍ" AL MALESTAR

Dejar de negar lo evidente implica que has hecho una cantidad de intentos para sentirte bien, sin lograr dar con la causa de tu malestar y de lo que te está sucediendo; quieres estar mejor, pero no encuentras aquello que te ayude a salir de ese círculo de repetición.

- No se puede negar lo evidente cuando continúas tomando todo lo que sucede a tu alrededor de manera personal, eres una persona sensible al rechazo y vives en constante necesidad de validación.
- No puedes negar lo evidente cuando repites patrones en tus relaciones y todos los que estuvieron antes que tu pareja presentaban los mismos conflictos o características: eran alcohólicos, infieles, no adquirían ningún nivel de compromiso, no estaban disponibles emocionalmente, y tú continúas allí, dando vueltas sin saber exactamente qué es lo que estás buscando.
- No puedes negar lo evidente cuando tu autoestima no te permite creer en ti lo suficiente como para renunciar a

ese trabajo que no te gusta, para establecer límites, para que dejes de permitir el abuso en distintos ámbitos de tu vida y con diferentes personas: tu mamá, tus amigos, tu jefe, tus familiares o tu pareja.
- No puedes negar lo evidente cuando tu dolor y tus propios miedos guían las decisiones más importantes de tu vida.

Para ilustrar un poco cómo el estado de negación afecta la salud mental, voy a comentar cuatro casos clínicos, entre esos el de una mujer que creció con una mamá, quien tenía traumas de su propia infancia y que, como hija, fue abusada sexualmente. Esta consultante nunca había tratado su salud mental ni sus traumas de la infancia y, por diversas razones, su mamá tampoco trabajó ni abordó su salud mental y, en consecuencia, desarrolló un trastorno psiquiátrico de esquizofrenia. De manera que ella fue criada por una mamá con esquizofrenia. Cuando mi paciente llegó a consulta estaba al cuidado de su mamá.

Imagina el impacto de crecer con alguien que no sabía discriminar entre lo que era real y lo que no. Además, en sus acusaciones al papá, la paciente refirió que este abusaba de ella, sin considerar los eventos que se desprendieron a raíz de que luego se convirtió en la cuidadora de su mamá, de velar por que cumpliera con su medicación, de comprender los ataques psicóticos que tenía en ese momento y de evitar que se quitara la vida.

Piensa en lo mucho que pudo haber impactado esa situación en la vida de mi paciente. Tanto así, que para ella no existe la noción de ser prioridad o cuidar de sí misma, solo adoptó una posición desde la cual su labor es cuidar de otras personas, por lo que en este momento sufre de ataques de ansiedad muy exagerados y está cargando con diversos traumas de la infancia.

En este caso, hablamos de negación en tanto que ese pasado la afectó sin que ella pudiera ir al origen del problema y, en consecuencia, no podía abordarlo de forma adecuada en terapia; otro elemento a recordar es que también hay personas que no están listas para hablar de su niñez, lo cual es válido. Sin embargo, este es un ejemplo de cómo la negación no permite aceptar o reconocer el origen del estrés ni el malestar, y al final se termina por complacer las necesidades de las demás personas, ignorando las propias.

El segundo caso se trata de alguien con celos obsesivos. Esta persona llegó con una ansiedad muy fuerte, y profundizando en el tema identificamos que la misma estaba relacionada con un evento particular que presenció en su niñez, cuando su mamá la llevó a un lugar donde se encontraba su papá con alguien más. Ella observó toda la escena, desde que estuvieron en la cama juntos hasta que su papá se dio cuenta de lo que estaba sucediendo y salieron corriendo enojadas después de una discusión en la cual el papá tomó la decisión de alejarse de la familia.

Cuando nos tocó elaborar su narrativa, el discurso de mi paciente era “a los hombres hay que cuidarlos para que no sean infieles, porque todos son iguales". Al final, esto derivó en un comportamiento compulsivo, por el que ella tenía que controlar cada movimiento de su pareja con exactitud, a fin de poder asegurarse de que no fuera a existir un engaño.

Esta situación se constituía en un gran peso para ella, ya que el desprecio de su papá hacia la familia le causó una herida de abandono que luego se convirtió en una ausencia en todos los sentidos, de seguridad emocional, financiera y física.

Crecer con estas carencias la llevaba a buscar en sus parejas lo que no obtuvo de su papá. En este caso, la herida sin resolver se muestra en forma de resentimiento y exigencia desmedida con la pareja. Lo curioso es que buscaba establecer relaciones con personas que confirmaban lo que ella ya conoce, a saber: la inestabilidad. Así pues, el perfil de quien encajaba con ella era el de alguien que no tenía las mismas prioridades, nivel de compromiso e interés de ella.

El tercer caso es el de un hombre que siente mucha ira, tiene problemas de comportamiento y es agresivo con otros. Indagando en su historia, nos dimos cuenta de que en su infancia vivió mucho maltrato y toda esa ira quedó retenida en su interior, porque en muchas ocasiones su papá maltrataba a su mamá y él no podía hacer nada. Él evidenciaba esto escondido en un cuarto y las veces que trató de defender a su mamá terminó siendo golpeado por su papá. En la actualidad, el paciente tiene un problema de ira desproporcionado que, a nivel psicológico, se denomina trastorno explosivo intermitente, es decir, tiene una personalidad explosiva que no le permite regular sus emociones de forma adecuada.

Examinando esta herida nos dimos cuenta de que existía una herida de ausencia de seguridad, de afecto y de sensación de injusticia. Se había convertido en una persona que percibía el mundo injusto y que con mucha desconfianza abordaba sus relaciones interpersonales. Por esta razón, en el afán de defenderse también era injusto con sus apreciaciones.

Y el cuarto caso es el de una mujer que creció con su mamá, quien llevaba con frecuencia hombres a la casa y también tenía un trastorno bipolar. Esta paciente fue víctima de abuso sexual por parte de uno de esos hombres y aprendió que la forma de acercarse a ellos y obtener su cariño era exponiéndose, convirtiéndose así en una mujer sexualizada. Hoy en día, tiene problemas serios para establecer compromisos con alguien que la pueda valorar y ver como la mujer que es, y debido a ello las personas la buscan para pasar el rato y no para comprometerse. Su motivo de consulta es: "Las personas no me toman en serio y solo quieren estar conmigo en la cama". Por otro lado, tiene un problema fuerte de dependencia emocional que le causa depresiones severas.

En este caso existe una ausencia en todos los niveles mencionados anteriormente, pero también un miedo a ser excluida que no le permite establecer límites con los demás, y ¿cómo hacerlo?, si a muy temprana edad interpretó que su cuerpo no le pertenecía, ¿cómo puede saber de límites y valor cuando su propia privacidad fue robada?

Estas son solo cuatro cortas viñetas clínicas. Sin embargo, las consultas terapéuticas están llenas de casos similares, y no podemos negar que esas heridas tienen repercusión en la forma como una persona se puede presentar y relacionar con los demás, debido a los problemas psicológicos que surgen a causa de ellas.

¿BIOLOGÍA O MEDIO EXTERNO?

El tema de la causa de las enfermedades y alteraciones psicológicas ha sido estudiado a lo largo del desarrollo de disciplinas como la psicología y la psiquiatría. Hoy en día hay cualquier cantidad de estudios que muestran que las enfermedades mentales tienen un componente hereditario y, por otro lado, una variable del entorno que puede influir como detonante. En ese sentido, hay personas que pueden tener una organización biológica con estos genes y manifestarlos a raíz de un trauma, que puede ser por negligencia, problemas en la infancia o en situaciones que se constituyen en desencadenantes.

Por ejemplo, una persona puede tener predisposiciones genéticas a la esquizofrenia, pero la posibilidad de detonarse ocurrirá con mayor facilidad en algún momento significativo cargado a nivel emocional. La depresión, el trastorno bipolar, la ansiedad y los trastornos de personalidad pueden ser heredados y desencadenarse en situaciones que causan demasiado estrés. Esto quiere decir que la interacción con el ambiente es capaz de detonar o controlar estos trastornos, dependiendo de las circunstancias y las experiencias que se hayan vivido.

Similar sucede con el trastorno límite de la personalidad, en el que un individuo puede tener la predisposición genética a la hipersensibilidad desde que es niño, sin embargo, esa enfermedad solo se irá gestando dependiendo de si los padres invalidan sus emociones o no. En este sentido, la persona podría no percibir sus emociones de forma regulada, sino desproporcionada, desencadenando así un trastorno de personalidad a la postre.

Hay quienes nacen en hogares que detonan estos trastornos. Esto quiere decir que hay un componente ambiental importante que influye en el desarrollo o la inhibición de su estructura genética. Es común escuchar a personas decir: "Mi abuela y mi papá sufrían de depresión, y yo también", y ciertamente son dolencias que pueden transmitirse de generación en generación, sobre todo cuando no son tratadas en ningún momento.

Imagina que eres alguien muy sensible y propenso a llorar en diversas ocasiones, y tu mamá, en lugar de ayudarte a regular tus emociones, te dice: "Deja de llorar, eres insoportable, siempre estás llorando". A raíz de ello, tienes predisposición a desarrollar un trastorno de personalidad, pues ya le tienes miedo al abandono, y la manera como tu mamá aborda el problema contigo es que te manda a callar o te ignora. Existen probabilidades de que en el futuro manifiestes un enojo incontrolable a medida que vayas creciendo y se vaya fortaleciendo con tus experiencias, hasta llegar al punto de no saber gestionar lo que sientes de forma tranquila y tengas que reventar en llanto o en ira para que tus allegados se den cuenta de lo que te está pasando y cubran tus necesidades.

Son problemas que se pueden expandir o reforzar dependiendo de cómo sea el dominio de los padres para lidiar con las enfermedades mentales. Y como mencioné anteriormente, debemos tener en cuenta que la mayoría de nuestros padres no están o no estuvieron capacitados para abordar estos temas y, por ende, van a comportarse de una manera que no siempre será la más apropiada para lidiar con estas alteraciones.

Quizá te suene familiar que en los países de Latinoamérica se manejan discursos como el siguiente: "¿Estás deprimido? Pero si no tienes motivos para estar triste, levántate a trabajar, ponte a hacer algo productivo. Eso no existe". No obstante, para alguien que tiene una condición propensa a la depresión, por causas genéticas, biológicas, sociales o de cualquier tipo de desencadenante relacionado con enfermedades que generen un desbalance químico en el cerebro, el ambiente en el que se desenvuelve puede hacer que esa condición se exacerbe.

Hoy en día vemos a mucha gente con intentos o ideación suicida debido a que no se sintió validada y las personas a su alrededor no prestaban atención a las señales que estaba dando. Todos pasamos por algún tipo de cambio en la vida que de algún modo nos genera conflicto interno, y no abordarlo de forma correcta contribuye a que esos trastornos se desarrollen o se muestren con mayor intensidad.

NO ESTAMOS BUSCANDO CULPABLES, ESTAMOS BUSCANDO SOLUCIONES

Quisiera expresarte que en este libro no pretendo forzar el perdón de tus padres o de las personas que estuvieron a cargo de tu cuidado, pues me parece que es una forma de invalidar lo que pudiste haber experimentado en tu infancia y que solo en este momento de tu vida puedes comprender, en vista de que solo tú sabes qué tanto te duele lo que te sucedió.

No te voy a proponer mayores intervenciones para precipitar el perdón, ya que el perdón lo vas a alcanzar una vez que te sientas listo y tengas una narrativa diferente de lo ocurrido. Independientemente de si tus padres fueron negligentes o no tuvieron las herramientas adecuadas, hay algo indispensable que tienes que saber, y es que en este momento estás en el camino de aprender y comprender tus propias heridas. Es muy probable que tus padres o cuidadores no lo hayan hecho con ellos mismos, e incluso hay muchos que lastimosamente nunca lo van a hacer, y en esos casos a los hijos les corresponde aceptar esa realidad.

Por otro lado, cuando empiezas a señalar culpables también comienzas a sentir que toda la responsabilidad es de ellos, que es culpa de tu mamá, de tu papá, de tus tíos, de tus abuelos... sin embargo, esa tampoco es la forma de sanar las heridas. A raíz de esa postura, muchos de los que empiezan el proceso de sanar sus heridas se encuentran con un gran muro cuando ven que no logran avanzar, debido a que no saben qué hacer con lo que sienten y con lo que les pasó.

Mas allá de que ellos no hayan sabido cómo cuidarte o darte lo que necesitabas en tu niñez, el hecho es que el daño está presente. Cualquiera que haya sido la causa, por accidente, por situaciones que tus padres no quisieron o no pudieron evitar y otras que sí, por enfermedad o porque la circunstancia se dio de determinada forma en ese momento y no se pudo hacer nada para cambiarla, tus sentimientos hoy son los que importan.

No hay nada más que puedas arreglar, no puedes ir al pasado y darles una clase de educación a tus padres para que hagan las cosas mejor, no puedes volver atrás y ubicarte en otro contexto para que todo suceda de forma distinta. Es imposible regresar al pasado y reorganizarlo, así que lo único que puedes hacer es ponerte enfrente, analizar el contexto y responder qué pensamiento e interpretación tienes respecto a lo que te pasó. No hay nada más que puedas hacer hoy.

Si te concentras en culpables lo único que vas a hacer es caer en un rol de victimismo, y no conozco a ninguno que siendo víctima se sienta mejor o logre salir del hueco en el que está. El victimismo no lleva a ningún lado y te pondrá en una posición en la que no vas a poder buscar soluciones para sentirte mejor.

En el caso de quienes logran identificar que su herida fue causada por la mamá, el papá o cualquiera de sus cuidadores, a estas personas les toca saber que esos individuos, aparte del poco conocimiento que tenían o de las herramientas con las que contaban, también tienen problemas serios. A lo largo de este libro, llegarás a la conclusión de que tu propio cuidador también tuvo que transitar por todos esos conflictos y hacer el trabajo que estás haciendo hoy: ahora eres tú el que está a cargo de tu propia felicidad y salud mental.

AHORA ERES TÚ EL QUE ESTÁ A CARGO DE TU PROPIA FELICIDAD Y SALUD MENTAL.

Uno de mis propósitos es que después de leer este libro puedas alcanzar el entendimiento que no tuvieron tus padres y, sabiendo que tienes heridas y ausencias, puedas actuar como un adulto y darte a ti mismo esas cosas que te faltaron en el pasado y abordar los componentes más importantes de las mismas, lo cual te ayudará a empoderarte frente a las situaciones con mayor comprensión y posibilidad de solucionar aquello que tanto te molesta.

Si logras perdonar a tu mamá y a tu papá, será fabuloso. Aun así, no te sirve de nada perdonarlos si no entiendes cómo esas heridas afectaron tu vida. He conocido a muchas personas que dicen que ya perdonaron a sus padres y me pregunto por qué todavía siguen haciendo lo que hacen. En realidad, con lo que tienes que hacer las paces es con la situación, con lo que te ocurrió, con lo que sentiste en ese momento. Y esto se logra a través del entendimiento lógico o de la elaboración que haces para otorgarle un sentido diferente, lo que te toca hacer ahora es iniciar un proceso de paz con lo que viviste.

Si en el camino logras perdonar a los que estuvieron involucrados en el proceso, te estarás liberando de más resentimiento. No obstante, comprender el porqué, cómo ocurrió y hacer las paces con ese proceso te abrirá puertas para que dejes de repetir y aprendas a respetarte, a verte de forma diferente, a validar tus emociones y sentimientos, a no depender de la opinión ajena, a la comprensión de que mereces ser amado por tu forma de ser, por lo que brindas, por lo que eres y no por lo que tienes que hacer a la fuerza para que otros te acepten.

Este es un proceso enfocado en hacer las paces contigo mismo y con tu propia historia, lo cual amerita autocompasión y autocomprensión. Incluso, aunque pienses cómo pudiste haber prevenido lo que te pasó, para que puedas sanar es necesario ese perdón —inicialmente contigo mismo— que te lleve a comprender que lo que hiciste en ese momento también lo llevaste a cabo con lo que sabías, y que quizá si hubieses estado en una situación diferente, como ahora, lo hubieses hecho distinto.

Si ese no fue el caso, es fundamental que comprendas que lo que haya pasado con tu vida no define tu presente y que estás en la absoluta posibilidad de cambiar toda la narrativa para que sea diferente. No eres ese niño que abusaron, o ese adolescente que tuvo que cuidar a la mamá enferma, no eres ese niño que no recibió la suficiente atención o el amor de sus padres, no eres ese niño que fue rechazado, y hoy en día tienes la libertad para que puedas hacer con tu vida lo que quieras y vivirla de una forma distinta.

No tienes que ser por siempre la persona que está a cargo de otros, no debes vivir en esa angustia, y para ello debes partir del afrontamiento, la comprensión de tus propios miedos y de tomar la decisión consciente de que deseas ser otra persona.

DINÁMICA DE HOY: IDENTIFICANDO MIS HERIDAS

¿Alguna vez te has puesto a pensar de dónde o cómo se formaron esas heridas que hoy se reflejan en muchas de tus maneras de relacionarte? Te invito a responder estas preguntas que te aportarán un punto de partida en tu trabajo de autodescubrimiento:

- ¿Puedo recordar algún momento específico en el que empecé a sentirme mal debido al rechazo, la exclusión o la ausencia de algo o alguien en mi vida? Si la respuesta es sí, ¿es una situación que suele repetirse?
- ¿Cuál es la persona a la que me gustaba tanto complacer en mi niñez?
- ¿Cuál era el castigo que obtenía cuando no lograba hacer feliz a esa persona o no podía hacer que se sintiera orgullosa de mí?
- ¿Qué tipo de críticas en mi niñez escuché que se quedaron conmigo hasta el día de hoy?
- En mis relaciones cotidianas de trabajo, amistad, de pareja y familiar, ¿qué hechos relacionados con el rechazo, la ausencia o la desaprobación me generan malestar?
- ¿Suelo realizar esfuerzos agotadores para tratar de cambiar a alguien significativo en mi vida?
- En mis relaciones con los demás, ¿me olvido de mí mismo?
- ¿Qué patrones o situaciones repetitivas puedo identificar en mi adultez?

CAPÍTULO III

TU ESTILO DE APEGO

¿COMO TE VINCULAS CON LAS PERSONAS?

El concepto de apego puede tener distintas aproximaciones teóricas. Sin embargo, de acuerdo con la teoría de Bowlby[6] la definición general del apego la puedes comprender como la forma que aprenden las personas de vincularse afectivamente con los otros y, en especial, en la infancia con sus cuidadores.

EL APEGO NO ES UN TRASTORNO EN SÍ MISMO, SINO QUE ES EL TIPO DE RELACIÓN QUE ESTABLECES CON EL ENTORNO, DE LA CUAL SE PUEDEN DERIVAR DIFERENTES CONDICIONES O TRASTORNOS PSICOLÓGICOS.

[6] John Bowlby, *Attachment*, Nueva York, Basic Books.

Quiero aclarar, además, que, aunque aprendes la manera de vincularte en tu infancia, en tu adultez puedes vincularte de diferentes formas, de acuerdo con las circunstancias. El vínculo afectivo o tu tipo de apego no necesariamente es inmodificable. De hecho, puede suceder que una relación te genere mucha ansiedad y te lleve a vincularte de forma ansiosa, posesiva y controladora, y en la segunda relación te vincules desde el apego evitativo, si es que aún no has gestionado tus emociones y miedos de la relación pasada. Quiero decir con esto que las circunstancias nos cambian y nos llevan a comportarnos de distintas maneras en las relaciones.

EL APEGO ANSIOSO

En consulta, este es el tipo de vínculo que con más frecuencia veo, el cual tiene como característica principal una sensación de angustia en la adultez, y a quien lo padece le cuesta mucho confiar en los demás. Por ejemplo, el apego ansioso indica que en la niñez no hubo un vínculo afectivo consistente con la madre, es decir, el niño sabía que la mamá estaba, pero la madre era inconsistente en el cariño y en la manera de llenar sus necesidades, generándole así un estado de ansiedad. En este tipo de apego el niño no logra vincularse de forma significativa con su mamá y no existe la confianza necesaria para que tenga la seguridad de que ella va a estar presente cuando él lo necesite.

Debemos tener en cuenta que los primeros vínculos que establece el niño con sus padres o cuidadores son las interacciones más importantes, ya que serán las que en la adultez influirán en la forma como el individuo se relaciona con los que le rodean. En la infancia, el niño sabe que su mamá acudirá a él, el problema se presenta cuando no sabe cuándo y si en el momento que está ella le puede dar lo que necesita, dado que a veces puede que no lo entienda.

La madre puede estar físicamente con el niño, y aun así este puede llegar a sentirse incómodo, tener sueño o hambre, y la mamá, por inexperiencia o por no poderse vincular bien con él, no logra darle lo que necesita. En resumen: el niño necesita de su madre; sin embargo, al final no sabe si ella va a poder descifrar lo que requiere para cubrir sus necesidades y esta situación le genera un estado de ansiedad.

Luego, en la vida adulta sucede de forma similar. El adulto desea con muchas fuerzas vivir la compañía y el afecto de ese alguien que representa su seguridad. Esa persona, por lo general, es su pareja, o incluso alguien que significa mucho para él, porque es de quien recibe las palabras de afecto, las demostraciones de cariño y el acompañamiento en todo el sentido.

Sin embargo, cuando no recibe esa atención siente una gran ansiedad, que se evidencia en el aspecto emocional, la impulsividad, la necesidad de que aprueben lo que hace, la dificultad para tener espacios de manera individual y la poca o nula tolerancia frente a la incertidumbre. Como ya hemos visto, a este tipo de relaciones le denominamos apego ansioso, que trae consigo celos, angustia, enojo y ansiedad.

Es decir, en las relaciones de pareja no es muy diferente. Como puedes ver, piensa por un momento cómo te hace sentir estar en una relación en la cual un día tu pareja dice y te demuestra quererte, y al siguiente te trata con indiferencia o frialdad.

Es probable que, si sufres de apego ansioso, necesites estar con tu pareja constantemente y te surja una especie de necesidad de ver qué hace, si está ahí, si va a venir, si está hablando con otra persona, con quiénes se relaciona... en el fondo, es una forma compulsiva de controlar, verificar, y una búsqueda constante del cariño del otro. No obstante, cuando la persona con apego ansioso recibe el afecto que está demandando, sigue sintiendo que le falta algo, ya que esta es una carencia afectiva que responde a un patrón de la niñez.

Muchos de mis pacientes manifiestan una especie de insatisfacción que también es confirmada por sus parejas, aludiendo que dicen frases como "no importa lo que haga, nada parece ser suficiente". Y la realidad es que cuando te vinculas de una manera ansiosa siempre estás en una búsqueda de algo que pueda llenar tus vacíos emocionales, ya que las personas con apego ansioso tienden a ser muy gobernadas por su emocionalidad.

Mis consultantes con apego ansioso al hablar de las relaciones expresan que siempre tienen muchos impases o malentendidos. Por ejemplo, alguien puede expresarse de la siguiente manera respecto a su relación: "Discutimos porque vi un mensaje en su teléfono, me puse muy nervioso e inmediatamente pensé que estaba hablando con otra persona. Cuando le hice el reclamo no me respondió exactamente como yo lo estaba esperando y eso se quedó en mi mente, pues no me dijo lo que quería escuchar".

¿Qué era lo que esa persona quería escuchar?: que su pareja no tiene a nadie más, que ella es la persona más importante en su vida, que no piensa en otra persona. Esto involucra la necesidad de que les aseguren que no hay nadie más importante que ellos, es una especie de reafirmación que buscan de manera constante para sentirse tranquilos.

Supongamos que estás hablando con tu pareja y te dice: "No tengo nada con nadie", y tú, en lugar de tranquilizarte, te quedas más inquieto, dado que lo que quieres escuchar es una reafirmación de lo que en principio te dijo: "Tú eres mi mundo, no deseo estar con nadie más, solo quiero estar contigo...". La realidad es que la mayoría de las personas está preparada para dar respuestas más cortas, lo que va a generarle a una persona con apego ansioso una insatisfacción constante y el miedo permanente de no ser suficiente. Por lo general, estas relaciones se terminan, producto de que la persona que siempre recibe la demanda afectiva percibe que hace de todo por el otro y nunca está satisfecho.

Es un tema que está relacionado con la ausencia de la que hablamos en el primer capítulo, pues siempre hay algo que falta, una ausencia que no puede ser satisfecha por más que el otro se esfuerce. Un individuo con apego ansioso puede llegar a pensar: "Sí, me llama, me busca, me demuestra que me quiere, pero yo siento que falta algo", y nunca está feliz con la relación. El reto más grande de este estilo de apego, si te has identificado con él, es que aprendas a gestionar tu ansiedad.

Ten en cuenta que gran parte del problema radica en la necesidad y la compulsión de controlar el resultado de cada interacción para evitar que dejen de quererte. Por eso no es de extrañar que si te has identificado con este estilo de apego tengas una manera de gestionar la relación que provoca muchas discusiones.

En ese caso, la pregunta que debes hacerte es si lo que está sucediendo es en realidad un hecho o apunta a una interpretación. Puesto que tu ansiedad te lleva a generar escenarios de abandono, es necesario que aprendas a distinguir entre lo que es un hecho irrefutable y lo que es solo tu interpretación por miedo a dejar de ser querido.

Por otra parte, es importante que trabajes en regular y gestionar tus emociones, es decir, que aprendas a comunicarte y a responder a situaciones de estrés con madurez y no con la emocionalidad de un niño. Es necesario que entrenes tu mente para que se acostumbre a evaluar los hechos y no solo las interpretaciones.

Por ejemplo:

En la mente de una persona con apego ansioso: "No me vio cuando me despedí, y tampoco me ha escrito en todo el día, posiblemente ya está conversando con alguien más, porque he visto que está en línea".

Una mejor interpretación sería: "Tal vez estaba distraído cuando me despedí, y no tengo la información suficiente y la evidencia concreta que me indique que esté hablando con alguien más de asuntos románticos. Mejor me tranquilizo y no veo esta situación desde mi herida de desprecio o rechazo. Mas tarde podré tener una conversación más tranquila acerca del tema".

MANTRA RACIONAL
PARA DECIR EN MOMENTOS DE ANSIEDAD:

"Mis pensamientos no siempre reflejan la realidad. El miedo al abandono es una emoción pasajera, que al igual que el resto de las emociones también pasará. El amor que recibo de las personas que más me quieren no depende de mis miedos o mis inseguridades. Ellos me aceptan por quien soy, y aunque existan diferencias, puedo confiar en que su amor no es cambiante. Yo soy suficiente tal como soy, independientemente de las circunstancias, mi presencia trae alegría y bienestar a quienes amo. Puedo sentir miedo, pero el miedo no controla mi vida, yo tengo la capacidad de calmarme y tomar decisiones asertivas".

APEGO EVITATIVO

Por otro lado, cuando hablamos del apego evitativo nos referimos a alguien a quien en su infancia le costaba vincularse con la mamá o el cuidador, bien sea porque no era una persona muy afectiva o rechazaba el contacto físico.

Vale resaltar que una madre puede querer mucho a su hijo y no saber cómo demostrarle amor. Entonces, las veces que ese niño necesitó crear el vínculo afectivo con la mamá por medio de un beso, un abrazo o demostraciones de afecto, esta lo esquivaba y por eso el niño aprendió que ese vínculo no existe, que esa no es la forma de llenar sus necesidades y que su mamá no demuestra el cariño de esa manera.

También es común que el niño, al buscar a su madre por una necesidad y presenciar que era motivo de disgusto para ella, haya aprendido a interpretar la manifestación de sus necesidades como una molestia. De esta manera pudo haber aprendido que necesitar y buscar a una persona es causar incomodidad.

En otros casos, fueron personas rechazadas o ignoradas en momentos de conversación. La famosa ley del hielo, donde nadie responde a los sentimientos o al llanto de alguien que se siente muy mal. Como cualquier rechazo, este tipo de apego duele en exceso, en especial si proviene de la mamá.

Por eso, hay personas a quienes les cuesta mucho trabajo vincularse con lo afectivo y se sienten incómodas frente a cualquier demostración de afecto, como un abrazo, un beso, incluso los cumplidos o las demostraciones de cariño. Luego, cuando les preguntas cómo era su mamá o su papá, regularmente van a responder que no eran muy afectivos, que más bien eran fríos y distantes. De esto podemos concluir que el apego evitativo proviene de la falta de cercanía.

El apego evitativo en la adultez se percibe en hombres y mujeres a los que les cuesta mucho vincularse, sobre todo en el aspecto afectivo. Muchos desean estar con alguien, pero se les dificulta llevar la relación cuando están con una persona que es muy cariñosa o les demuestra afecto a cada instante, hasta el punto de que les genera ansiedad, pues no saben cómo crear el vínculo, no se sienten cómodos y en consecuencia tampoco tienen un desempeño óptimo en la intimidad de la relación.

Hay personas que en sesión hablan de que se sienten extrañas con el contacto físico, los besos, abrazos y caricias, y tampoco saben cómo expresar su afecto con frases como "te quiero mucho" o "me siento muy bien contigo". Tienen una anulación completa de los afectos, los sentimientos y las emociones en esos casos, y a la hora de vincularse con la pareja no saben cómo expresar sus sentimientos.

Si te identificas como alguien con apego evitativo, o identificas a tu pareja, te darás cuenta de que con gran dificultad expresan sus puntos de vista, y mucho menos sostienen conversaciones extensas acerca de sus emociones o sentimientos, ya que es un tema que les genera ansiedad a las personas con este apego, razón por la cual huyen de cualquier confrontación, o, por el contrario, reaccionan a la defensiva.

Muchos de ellos son conscientes de que sus apegos tienen raíz en la infancia, no obstante, la mayoría de quienes acuden a consulta no siempre son conscientes de esto y se les convierte en un patrón de personalidad, o en rasgos de la personalidad por los que con frecuencia rechazan a los demás, ya que no se sienten bien demostrando afecto y se aíslan por completo. Cuando se trata del apego evitativo, por lo general, a quienes lo sufren, al costarles mucho vincularse de manera afectiva, se les dificulta el doble poderse comunicar, hablar de sus sentimientos, de sus emociones y sentarse con la pareja a conversar acerca de cómo se sienten.

Durante nuestra vida, el apego evitativo puede transformarse, y aunque originalmente se adquiere en la niñez, una relación caótica o traumática también puede generar rasgos de esta conducta en próximas relaciones, como es el caso de las personas que terminaron con una pareja anterior en condiciones muy tristes a causa de la anulación, el desprecio o el rechazo. Por consiguiente, tenderán a vincularse de nuevo con reservas, con miedo a confiar y con ciertas conductas evitativas.

De hecho, muchas veces estas personas quieren cercanía, solo que no quieren que las empalaguen de tanto afecto, ya que no sienten esa necesidad. En ese punto entran en conflicto con el que tiene apego ansioso, cuyo mecanismo es todo lo contrario, pues siempre quiere tener cerca a los demás, aunque no sea para nutrirse del otro, necesita estar escribiendo mensajes todo el día, hablando de lo que le pasó y estar pendiente de su pareja en todo momento.

Mientras que a alguien con apego evitativo se le hace muy difícil, no solo reconocer sus emociones, sino las de los demás, no es muy bueno leyendo lo que le pasa al otro y a raíz de eso puede estar enojado y luego actuar como si nada pasó. Tampoco entiende por qué la otra persona se siente como se siente y es muy común que los otros piensen que es falta de responsabilidad afectiva.

Aunque, desde mi punto de vista y experiencia, lo que sucede es que no cuentan con las herramientas para leer emocionalmente a otros sujetos, y para que esto suceda tienen que aprender a conocerse a sí mismos. Además, como es el caso de muchos, tienen que deshacerse de la creencia de que son una molestia para los demás, ya que en el fondo tienen un miedo muy latente al desprecio.

Cabe resaltar que para alguien con apego evitativo, escuchar acerca de divorcio, separación o ruptura es un detonante. Es ahí donde comienzan en un proceso de retroceso en la relación, donde sienten miedo a ser rechazados nuevamente y prefieren no esforzarse más por temor.

Ninguna persona puede decidir qué tipo de apego va a desarrollar, pues este se va gestando según el modo de relación que los cuidadores establecen con el niño en la infancia. En ese sentido, las circunstancias y las experiencias van moldeando el tipo de apego. Cuando las relaciones y circunstancias son negativas pueden llegar a magnificarlas, dado que a la persona no solo le costará reconocer sus emociones, sino que también se le hará difícil darle al otro lo que necesita, lo cual es muestra de no estar apta para una relación.

Me imagino que has escuchado o leído acerca de las personas que no están disponibles emocionalmente. En la mayoría de los casos, estas personas tienen apego evitativo y cuando reciben o se les exige mucha cercanía, se van a sentir incómodas y por lo general van a recurrir a huir como estrategia para solventar esa incomodidad. Y si las cosas se tornan mucho más íntimas sienten que el otro está demandando lo que no pueden ofrecerle y tienen miedo de decepcionarlo, por lo que finalmente terminan dejándolo.

Quisiera destacar que hoy en día suele confundirse mucho el apego evitativo con el narcisismo, cuando son dos cosas muy diferentes. Una parte de esta confusión se debe a la información errada que se difunde en internet y a la falta de educación en el tema. En primer lugar, debes recordar que el estilo de apego es la forma como nosotros nos vinculamos con los demás. Aunque me atrevo a decir que el apego en su fase más primaria se refiere a la forma como nos vinculamos con nuestros cuidadores.

De lo anterior se desprende que todos los seres humanos responden de manera diferente al tipo de apego. Cuando una persona empieza a vincular el apego evitativo con el narcisismo, está confundida, pues el narcisismo es un trastorno de personalidad.

La forma como se vincula un narcisista pudiera mostrarse en un principio ansiosa, sin embargo, no lo pone en evidencia, dado que una persona narcisista es orgullosa y necesita demostrar que es superior. Sin embargo, lo que hay en su interior es un miedo constante de que la vayan a rechazar o a abandonar. La persona con narcisismo sí demuestra sus emociones al principio, ya que necesita que el otro se sienta atraído y pueda vincularse a través de ellas.

Mientras que, a diferencia del narcisista, la persona con apego evitativo demuestra muy poca emocionalidad y es lineal en cuanto a sus emociones: si alguien le pregunta cómo estuvo su día; responde con un simple "bien", o si le pregunta si se siente bien, solo dice que sí o no, sin dar mayor explicación. Aparte de que no suele darles prioridad a las relaciones íntimas o amorosas y siempre las deja en un segundo plano, producto de que tiene algo más importante que hacer, como el trabajo u otras actividades a las que se dedica.

Cabe destacar que no es porque no quiera demostrar afecto, sino que está acostumbrada a que eso es algo que no se hace y además le duele. Hay otras personas con apego evitativo que se acostumbran a vivir con ese estilo de apego y ya no les afecta, es la forma como se vinculan y lo que sienten es que necesitan tener su propio espacio para estar tranquilas.

En el apego evitativo hay una búsqueda de espacio para evitar el dolor, el rechazo o la exclusión a toda costa, ante lo cual, en un momento, el individuo se acostumbra a sus propios espacios y empieza a percibir a la persona que está cerca de él como una invasora. Los trastornos más comunes en personas con apego evitativo son la ansiedad social y el trastorno de personalidad evitativa.

Es necesario tratar y abordar este problema de raíz con ayuda profesional y con intervenciones cognitivo-conductuales. Solo mediante ejercicios de restructuración de pensamiento y exposición la persona con apego evitativo podrá mejorar la manera en la que se comunica y gestiona sus emociones. De otra manera, sus relaciones pueden resultar un verdadero fiasco, pues al no comprender el lenguaje del otro y evitar situaciones que le generan incomodidad, se pondrá en una situación de rechazo y abandono por parte de la persona que hace intentos fallidos para lograr conectarse.

El reto más importante de estas personas es aprender a comunicar lo que piensan, también verbalizar sus necesidades y marcar límites. Estrategias como pedirle a la pareja un momento para gestionar las emociones, decirle cuándo y a qué hora retomarán la conversación son útiles para canalizar la ansiedad, no solo para quien tiene apego evitativo, sino para la pareja que típicamente se aprende a vincular de manera ansiosa al tener que trabajar más fuerte para recibir el afecto.

Es indispensable que quien tiene apego evitativo comprenda que su silencio solo empeora la relación y lo sujeta a posteriores discusiones, ya que la falta de comunicación genera espacios o vacíos en la mente de quienes le rodean, y como es natural, las personas terminan asumiendo o concluyendo asuntos que no necesariamente corresponden con la realidad de lo que piensa y siente una persona con apego evitativo.

EL APEGO DESORGANIZADO

Quienes sufren de apego desorganizado vivieron en su infancia con padres o cuidadores que eran muy cambiantes en relación con el estado de ánimo. Dentro de esta categoría incluyo a quienes tuvieron que lidiar con padres volátiles, con problemas de control de la ira, trastorno bipolar e incluso trastorno de personalidad.

Estas personas aprendieron que estar con sus padres representaba confusión, al no saber qué actitud esperar de ellos; por ejemplo, el típico caso del padre alcohólico que llega a golpear a la madre y a los hijos y que al otro día se comporta como el padre ejemplar.

El niño que crece en un ambiente ambivalente aprende que su mamá le grita, le pega, lo maltrata, pero es su mamá y depende de ella. Esa persona está ejerciendo un rol doble con él, el de abusador y cuidador, y el niño en la vida adulta se va a relacionar tal cual con sus parejas. Son relaciones que se establecen desde la agresividad o la violencia, y a la misma vez tienen la función de pareja. De manera que los vínculos se viven a través del odio y del amor. Es por ello que la persona con apego ambivalente no conoce más allá de eso y se vincula con el resto de la misma manera.

En la vida adulta, una persona con este tipo de apego vivirá las relaciones desde el amor y el odio, debido a que no tendrá claridad emocional respecto a lo que siente por el otro. Así, pueden enviarle señales mixtas a su pareja, unas veces actuando y necesitando cariño, y luego comportándose demasiado distantes. Como consecuencia de esta situación, muchas veces pueden buscar la forma de discutir y sabotear la relación. El apego desorganizado es finalmente una combinación de apego ansioso y apego evitativo; por una parte, hay un fuerte deseo de conexión, pero, a la misma vez, la desconfianza les impide establecer esa conexión.

Las personas con apego desorganizado tienden a imitar la dinámica que vivieron en la niñez con sus parejas en la adultez, por lo general escogiendo a parejas que tienen el potencial para ser abusivas o brindarles la inestabilidad a la cual están acostumbradas.

Por otro lado, tienden a disociarse y pierden el contacto con la realidad. Ellas mismas se excusan y se hacen responsables de lo que les ha pasado, se adjudican la responsabilidad de la conducta del otro o la justifican, diciendo: "Creo que fue culpa mía, porque fui muy grosero", "Yo también alcé la voz", se les olvida con facilidad lo que les ocurrió y salen del entorno emocional para no pensar en ello.

Otra característica es que están en constante vigilancia, se mantienen alertas para asegurarse de que no habrá más situaciones amenazantes o de que les pasará algo malo, y como resultado tienen un problema importante de autoestima y confusión, dado que no saben qué significa ser cuidado y protegido por alguien que los quiera y los entienda.

De todos los tipos de apego, pienso que el apego desorganizado es el que trae más problemas a futuro, ya que ubica a la persona en una situación muy ambivalente. Quienes se identifican con este estilo de apego necesitan trabajar en su autoestima y aprender a regular sus emociones, pues la indecisión y la confusión con respecto a sus sentimientos puede desencadenar fuertes episodios de depresión y repetición de patrones, ya que este estilo de apego hace que la persona sea más propensa a permanecer en relaciones abusivas.

EL APEGO SEGURO

En el apego seguro los padres o cuidadores están presentes en la niñez y no se genera ninguna inseguridad en el niño, sino al contrario, la mamá o el papá se puede ir en algún momento y, a pesar de ello, el niño sabe que va a regresar. El niño puede llorar cuando la mamá se ausenta, aun así, cuando regresa se pone muy feliz, debido a que está seguro de que ella va a cuidar de él. No surge la confusión, el miedo o la ansiedad, puesto que sabe que su mamá es consciente de lo que él necesita.

En la adultez el sujeto se relacionará de forma sana con la pareja y seres cercanos. Cuando esté en una relación se sentirá bien, tranquilo y seguro, y no experimentará la angustia o el miedo de que la otra persona se vaya a ir. Y si su pareja se tiene que distanciar por alguna razón o hay una discusión, tendrá la seguridad de que, a pesar de sentirse triste, estará dispuesto a conversar sobre lo sucedido si la relación es realmente sólida.

O, si resulta que no se puede concretar nada y las cosas no funcionan, estará seguro de que tendrá la capacidad de reponerse y establecer un vínculo saludable en otra relación. Es una persona que sabe suplir sus necesidades y que tiene la madurez suficiente para saber que si la relación no funciona puede reconocer, gestionar sus emociones y al final se sentirá bien.

Con esto no quiero decir que a nivel emocional sean perfectos, solo que, a quienes tienen un apego sano no les cuesta tanto transitar sus emociones, como sí les cuesta a los que tienen apego evitativo, ansioso o ambivalente. Alguien con apego seguro expresa en la adultez sus necesidades sin ningún miedo a ser rechazado o abandonado, porque está consciente y tiene la capacidad para enfrentar situaciones complejas y aun así seguir adelante con su vida. Este tipo de personas es el más exitoso en la vida en general, debido a que confían en que las relaciones sí pueden ser duraderas y estables.

En cuanto a relaciones, un punto importante que puedes tomar en cuenta es que un individuo con apego seguro no está exento de vincularse con alguien que tiene un apego ansioso o evitativo. Pese a eso, desde mi perspectiva, no creo que ese tipo de vínculos pueda modificar por completo un tipo de apego. Es decir, a alguien con apego seguro le puede costar establecer una relación con alguien que tenga apego evitativo y, en ese caso, pueden suceder dos cosas: o sale airoso de la situación o copia hábitos tóxicos y los proyecta en la siguiente relación.

No obstante, los que crecieron con un apego seguro tienen más facilidad de salir de este tipo de relaciones, seguir adelante con la vida y modificar nuevamente su apego. Una experiencia negativa puede cambiar un poco la dinámica de la relación, por ejemplo, si una persona con apego seguro termina una relación y se vincula con alguien con apego ansioso o evitativo y empieza a experimentar celos, angustia y ansiedad, al terminar esa relación se puede volver a vincular sin ningún problema con alguien que viva sus vínculos de forma sana, gracias a que en su interior tiene la plena conciencia de que puede volver a hacerlo, solo que la ocasión anterior no fue una elección asertiva.

En ese sentido, las personas podemos copiar patrones de quienes están en nuestro entorno más cercano y relacionarnos de manera similar. Aparte, en ese tipo de relaciones no podemos olvidar que se generan heridas. Así, cuando un individuo con apego sano se relaciona con alguien con apego evitativo que le causó sufrimiento y lo hizo dudar de su confianza y su autoestima, es posible que en su próxima relación piense que esa tampoco va a funcionar o que incluso se sienta inseguro, y tendrá ciertos hábitos, aunque no necesariamente permanentes, que quizá reflejará en esa relación.

Podrás apreciar entonces que en la formación de los apegos puede influir la edad y la etapa del desarrollo en la que se encuentre el sujeto, o, en otras palabras, el apego se puede vivir en circunstancias y situaciones diferentes. Si tú viviste una relación muy tóxica cuando estabas en tus veintes, esa relación de alguna manera te habrá enseñado la forma de vincularte con otras parejas hasta que adquieras la madurez necesaria para relacionarte de forma saludable, y mucho más si vienes de un apego sano donde no viste ningún tipo de patrón ambivalente o de abandono en tu infancia. Eso quiere decir que el grado de madurez y de la etapa tiene mucho que ver en la transición de las relaciones sentimentales, de una relación tóxica a una relación más sana o viceversa.

En muchas partes, sobre todo en las redes sociales, se habla del apego como algo que no se puede cambiar o que es irreversible. No obstante, estoy segura de que en nuestro interior tenemos una base que se puede ir modificando de acuerdo con los tipos de relaciones que experimentamos.

Hay quienes relatan en sesión que la relación con su mamá era bastante hostil, que les pegaban, los maltrataban, y hoy en día se vincularon con alguien que los hace sentir valorados y felices, donde hay complicidad, apoyo y cercanía, lo cual desafía ese tipo de afirmaciones y muestra que la idea de que el apego no se puede modificar proviene de una percepción errada. Se puede modificar, pues el estilo de apego va a depender de la persona con la que estés vinculado en determinado momento de tu vida.

LOS APEGOS SE ATRAEN ENTRE SÍ

Con bastante frecuencia mis pacientes me preguntan a qué se deben los patrones de afecto, y quizá te has preguntado lo mismo, cómo es posible que, teniendo tanta ansiedad y necesidad de afecto, elijamos a una persona que no habla, no expresa sus sentimientos y a duras penas se comunica.

De hecho, hasta pudieras preguntarte cómo, procurando tu estabilidad, eliges estar con alguien que no se define, le cuesta tomar decisiones y no puede darte prioridad porque "ama más su libertad". Por otra parte, si tu problema es de apego evitativo, te puedes preguntar cómo, siendo una persona reservada eliges a una persona que demanda tanto de ti y de tu tiempo; alguien que constantemente necesita procesar contigo y requiere de tu explicación para sentirse mejor y no parece estar conforme con ninguna de tus respuestas.

Para responder estas preguntas quiero explicarte que tengo la teoría de que buscamos en otras personas simular el ambiente que ya conocemos o vincularnos con gente que se asemeja a lo que vivimos en el pasado. Por ahí, de vez en cuando escuchas a las personas decir: "Guau, mi pareja se parece tanto a mi padre o a mi madre", y si lo piensas con detenimiento cobra mucho sentido. Buscamos estar en ese hogar de manera inconsciente porque es ahí donde creemos que pertenecemos.

Si yo viví en un hogar donde hubo infidelidad y uno de mis padres estaba trabajando fuerte por sostener la relación, no es extraño que hoy en día me vincule de la misma manera, porque es lo que conozco: voy a perdonar infidelidades y soportar malos tratos. A pesar de ser consciente de que esto no es lo que quiero, mi mente ya ha normalizado este tipo de relación, lo que hace que establecer límites sea más difícil. Lo mismo sucede con problemas como el alcoholismo en la dinámica familiar, la agresión o el trato frío y distante.

La solución para quienes viven en este tipo de relación es aprender a conocer sus propios límites y entender su estilo de apego a profundidad. Es decir, conocer tu estilo de apego y tus necesidades te ayuda a comprender que tienes características que puedes modificar ahora que eres consciente de que hay un miedo.

Existen muchas dinámicas, no solo a raíz de la niñez, sino también de experiencias a lo largo de tu vida, que han modificado tu manera de experimentar las relaciones y de vincularte con los demás. Vale la pena que explores cómo te apegas normalmente a las personas, y si en lugar de hacerle frente a tu miedo lo que has hecho es evitarlo. Quiero recordarte que, si sufres de apego ansioso, estás evitando estar solo, y si tu apego emocional es evitativo estás evitando ser vulnerable o ser rechazado por alguien a quien le has entregado el corazón.

Mientras no enfrentes con madurez estos miedos —y no desde la visión del niño de siete años— vivirás las relaciones de manera caótica. Así que el reto mayor está en que aprendas a gestionar la ansiedad con ayuda terapéutica, procesar tus traumas y enfrentarte al miedo. La idea es que no dependas emocionalmente de nadie, pero que tampoco tengas relaciones superficiales donde no haya verdadero amor por miedo a cultivar algo más serio y duradero.

Para quienes se encuentran en una relación más establecida y han identificado estos dos estilos de apegos, es fundamental que se escuchen. Validar el miedo de quien tiene apego evitativo hace una gran diferencia, explicarle que su miedo le causa ansiedad y le impide funcionar en otras áreas, puede ser muy sanador. No podemos olvidar que esta misma ansiedad se traslada en otras áreas de funcionamiento y no solo en la relación sentimental.

Adquirir conciencia y trabajar en la comunicación asertiva, que significa aprender a hablar el lenguaje de la pareja sin cambiar la esencia, aunado a un entrenamiento de cómo decir las cosas, no debería ser ignorado.

Una persona con apego evitativo debe conocer y entender la importancia de la responsabilidad afectiva y la necesidad de pedir tiempo para regularse sin ignorar las necesidades de la pareja. En otras palabras, debe aprender otras estrategias de confrontación que no impliquen pretender que no está ocurriendo nada.

Por otra parte, una persona con apego ansioso necesita aprender a expresarse sin usar el reclamo y la actitud defensiva. En el momento en que ambos entienden que la clave está en escucharse sin gritos, reclamos y sin castigos con el silencio, logran cambiar la dinámica de la relación. He visto pacientes que mejoran sustancialmente cuando se les explica cómo ofrecer su punto de vista en una conversación, e incluso cuando modelamos con ellos maneras de explicarle lo que sienten a su pareja. De la misma manera, enseñarles y explicarles lo que viven sus parejas con apego ansioso es de gran utilidad porque logran ver las cosas desde una perspectiva diferente. Todas estas estrategias ayudan a fortalecer el vínculo.

Alguien con apego ansioso necesita comprender que sus emociones son válidas, pero tiene que saber que los demás no necesitan aprobarlas para brindar validez. Nadie puede decirle cómo sentirse, y es algo que debe asimilar; nadie es responsable por lo que siente, mas sí por las actitudes y acciones que toma al sentir lo que siente.

Desde esta perspectiva, es importante que aprenda a explicar lo que necesita de manera asertiva para que no tenga que ceder sus límites y tampoco sienta todo el tiempo que está exagerando, ya que, a causa de esto, terminará dudando de sí mismo. En conclusión, para que exista una relación en armonía es indispensable el trabajo individual y luego en pareja. Sin ambos, será muy difícil abordar este problema.

LOS CASI ALGO, EXPERTOS EN DETONAR HERIDAS EMOCIONALES Y APEGO ANSIOSO

Los casi algo son esas relaciones en las que no hay un título oficial; se viven intensamente y con una gran rapidez que lleva a las personas a vincularse desde la incertidumbre, angustia e inestabilidad. Son relaciones que casi nunca logran concretarse, pero en el proceso te obligan a experimentar ansiedad, frustración, desesperanza, y tienen un efecto gigante en tu autoestima.

Este tipo de vínculo se caracteriza por una notable falta de compromiso, en la que uno de los dos le pide al otro "fluir", con la intención de aplacar o callar su deseo de formalizar la relación pronto. En otras situaciones se caracterizan por tener un vínculo afectivo que no les permite estar juntos debido a que el casi algo no se encuentra emocionalmente disponible por diferentes causas: recién ha terminado una relación, aún tiene sentimientos por alguien más del pasado, está en una relación o vínculo afectivo con alguien más o simplemente tiene miedo al compromiso.

Por lo común estos personajes aparecen en el momento en el que más vulnerable emocionalmente te encuentras. Al comienzo hay una conexión que te engancha, lo cual te lleva a catalogar dicha conexión como única y mágica. La intensidad del vínculo evoluciona bastante rápido a través de las conversaciones que en un inicio son bastante frecuentes, la intimidad que se vive desde un principio, así como la atracción física y sexual que se vive de manera intensa.

Los casi algo te permiten "probar" un poco de lo que sería establecer una relación con ellos. Generalmente se muestran muy abiertos y una vez que la conexión está bien establecida, comienzan a distanciarse sin mucha explicación.

EL JUEGO DEL CASI ALGO

Podríamos decir que este comportamiento y fenómeno es muy característico de los narcisistas, pues es muy típica de ellos la manipulación emocional y el *love bombing*. Sin embargo, este no siempre es el caso. La realidad es que, al ser un comportamiento un tanto inestable e intermitente, se puede dar en cualquier individuo que aún no tenga certeza de lo que quiere de sus vínculos con otros. Y es que al principio todo parece muy prometedor o con un gran potencial de concretarse, ya que no hay indicaciones que pudieran sugerir que hay algo que esté "mal" como para que el vínculo no resulte como se espera.

Con el pasar de los días la relación se enfría y la comunicación se vuelve más lenta e intermitente. Los mensajes aparecen y desaparecen; la rutina que habían establecido cambia de repente y comienzas a sentir la frialdad de la relación que antes no se sentía.

Con el fin de averiguar o de restablecer el equilibrio, intentas acercarte más para compensar la falta de esfuerzo, que cada vez es más notoria. Por otro lado, el casi algo comienza a sentirse más cómodo con la iniciativa de quien está experimentando la ansiedad, y es así como toma control del vínculo.

Bajo la excusa de "estoy muy ocupado" o "discúlpame, pero ando en muchas cosas", te quedas con la esperanza de que todo regrese a la normalidad. Inicialmente piensas que se trata de algo temporal y que en cualquier momento todo volverá a ser como antes. Sin embargo, las conversaciones ahora son más cortas y no tan profundas; la iniciativa para los encuentros disminuye significativamente, y el deseo de establecer contacto parece cada vez menor. Los encuentros continúan, y también las conversaciones, pero estas vienen acompañadas de silencios prolongados que duran semanas completas, con mensajes dejados en "visto", reacción con emojis en las historias que no terminan en conversaciones, dejándote atrapado entre la frustración y el deseo de terminar todo, al no entender lo que está sucediendo.

LA ANSIEDAD DE LO QUE QUIERES QUE SEA, PERO NO ES

Todo es confuso, pues en el proceso de vivir el vínculo te presentan a la familia, dejan sus pertenencias en tu lugar de residencia, te involucran en sus actividades, te presentan a sus amigos, te celebran fechas especiales y hasta tienen detalles contigo.

La relación se vive con tanta inestabilidad que te obliga a cuestionar nuevamente la conexión. ¿Será que toda esta atracción me la inventé yo? ¿Todo este tiempo he sido yo quien está ilusionado? Estas y muchas más preguntas surgen a raíz de la interacción, sin mencionar la cantidad de dudas frente a tu comportamiento y el sentimiento de culpa por pensar que algo hiciste mal para estropear el vínculo.

La atracción, lejos de morir, va en aumento, causando la misma ansiedad y abstinencia que te produciría dejar de consumir una droga que usas con frecuencia. Te emocionas al recibir un mensaje y logras olvidar todo el desajuste emocional que su intermitencia te causó en el último encuentro, y ahí comienza nuevamente el ciclo.

La ansiedad va en aumento con el pasar de los días, y comienzas a vincularte ansiosamente con alguien que ahora se ha convertido en un evitativo, cuando en un comienzo todo era recíproco y hasta le sobraba iniciativa contigo. Así que surgen estas preguntas: ¿será que te está ignorando? ¿Será que ya no tiene el mismo interés? ¿Estarás siendo injusto en tu lectura de la situación? ¿Serán los traumas del pasado? ¿Será que te estás obsesionando? ¿Deberías ser más persistente? Y con esta última pregunta comienzas a flexibilizarte más y empiezas a notar que con tu iniciativa logras avanzar, aparentemente, un poco más.

Lo que no ves inicialmente es que cada vez que te ajustas a la situación y comienzas a tomar la iniciativa, algo de ti comienza a sentirse diferente. En el fondo queda la incomodidad de que estás con alguien a quien tienes que "forzar" para que sucedan las cosas. Hay cierta sensación de estar incomodando cada vez que apareces para restablecer la conexión, pero no sabes cómo alejarte.

CÓMO AFECTA NUESTRO AMOR PROPIO

Comienzas a preguntarte por qué sigues enganchado con una persona que aparece y desaparece sin razón. Así que tomas los pasos para comenzar a distanciarte, pero la esperanza continúa ahí, no logras soltar completamente. El problema más grande es que ahora tu valor depende de la actitud del otro, así que comienzas a desear esa aprobación nuevamente para confirmar que sí eres digno de ser amado. En la necesidad de ser elegido comienzas a ceder tus límites y te flexibilizas tanto que luego no te reconoces, y el enojo y los reproches contigo mismo pueden agobiarte.

¿POR QUÉ NOS APEGAMOS AL CASI ALGO?

La teoría del refuerzo intermitente hace referencia a un fenómeno psicológico en el cual las recompensas se dan de manera intermitente o irregular, en lugar de ser predecible y constante. En estudios psicológicos se ha demostrado que el refuerzo intermitente resulta ser muy útil para mantener comportamientos y establecerlos. En el contexto de las relaciones de pareja funciona de manera similar. Por ejemplo, uno de los miembros proporciona afecto, atención y validación de manera inconsistente, lo cual deja al otro miembro esperando la próxima recompensa, que no se sabe con exactitud cuándo llegará.

QUÉ HACER ENTONCES...

Ya sé que al leer esto estarás pensando que no eres el único lidiando con esta situación. La buena noticia es que ahora tienes las herramientas para gestionar la ansiedad e identificar cuando alguien se está vinculando contigo de manera ansiosa.

Aplicando lo que se ha aprendido hasta ahora, es muy importante comprender que al ser un refuerzo intermitente, y al tener ese tipo de efecto en el comportamiento de otros, tenemos que tratar el problema como si fuera una adicción. Dicho esto, lo más conveniente es determinar si el vínculo en realidad "conviene", es decir, qué le aporta a tu vida, y cómo te está haciendo sentir en este momento. Te darás cuenta de que en tus momentos de lucidez podrás ver que lo que has vivido con esa persona, a pesar de ser corto y muy importante, para ti también ha sido superficial y muy basado en la ilusión y la fantasía. Mantener una lista con "hechos", pensando de una manera lógica y racional, te ayudará a debatir en tu mente la importancia que le estás dando al vínculo.

Adicional a esto, es importante reconocer la ansiedad para gestionarla. Hablar con otras personas del tema puede ayudarte a crear una nueva realidad, igual que tomar distancia de la situación. Hay personas a las que el nulo contacto les funciona muy bien para desvincularse afectivamente, y esto se debe a la causa biológica del enganche. Ahora bien, si te gustaría hacerlo, pero no sabes por dónde empezar, te diría que es importante que comiences por la decisión de limitar el contacto físico, visual y la comunicación con esa persona. Esto incluye redes sociales y los encuentros con personas que de alguna manera te relacionan con esa persona directamente.

La reformulación cognitiva resulta ser bastante útil en nuestra práctica. Me refiero a que cada vez que estés pensando en esa persona y sientas la necesidad de romper el nulo contacto, reformes el pensamiento con algo que te traiga serenidad: "Extraño a esa persona, y aunque no puedo controlar lo que siento, sí puedo controlar mi comportamiento frente a esto"; "Tengo que recordar que romper el compromiso que he hecho conmigo mismo no cambiará en nada el hecho de que esa persona continuará comportándose como hasta ahora".

Establece intenciones claras. Hay decisiones que no podemos tomar sin sentir dolor, sin embargo, el dolor forma parte del proceso, y cuando lo aceptamos adquiere otro sentido. Este malestar es temporal, pero los beneficios a largo plazo, cuando ya no te importe esa persona, te harán ver este dolor como un sacrificio que merece la pena, pues eventualmente ya no te dolerá, y la angustia e incertidumbre terminarán.

MANTRA RACIONAL
PARA REPETIR EN MOMENTOS DE ANSIEDAD:

"Todo lo que necesito está dentro de mí, estoy eligiendo esta decisión para sanar, para encontrar mi paz, y para volver a conectar conmigo mismo. Este sentimiento también pasará".

CUANDO NO ES APEGO EVITATIVO, SINO INMADUREZ EMOCIONAL O FALTA DE RESPONSABILIDAD AFECTIVA

Como comentamos antes, el apego evitativo y el comportamiento irresponsable o inmaduro emocionalmente son dos patrones que con facilidad pueden confundirse. Sin embargo, las raíces de ambos, al igual que la presentación de los síntomas, son muy diferentes.

El apego evitativo se desarrolla sin intención, y lo provoca el tipo de vínculo que nos genere la persona con la que estamos sosteniendo el vínculo afectivo. Algunas de sus características principales son la vulnerabilidad y las estrategias emocionales que se usan para mantener el control, como desconectase emocionalmente para evitar la confrontación, al igual que el manejo superficial de las emociones.

Por su parte, la inmadurez emocional está más relacionada con la irresponsabilidad o la inmadurez a la hora de gestionar las propias emociones de manera sana. Las personas con este problema proyectan su inseguridad en los demás y evitan tomar cualquier tipo de responsabilidad. Tal es el ejemplo de quienes un día desean estar en una relación, pero al siguiente simplemente desisten del vínculo porque sienten que se aburren con facilidad. Ellos mismos tienden a crear una montaña rusa emocional que tiene consecuencias serias dentro de los vínculos.

TRASTORNO DEL ESPECTRO AUTISTA

El trastorno del espectro autista (TEA), según el *DSM-5 (Manual Diagnóstico y Estadístico de Trastornos Mentales*, 5ª edición), es un trastorno del desarrollo cognitivo con alteraciones en la comunicación, interacción social y patrones de comportamiento.

El autismo en adultos es un tema que ha ganado mayor visibilidad en los últimos años. La creencia popular es que afecta solo a niños, pero la verdad es que este problema persiste en adultos que a menudo jamás son diagnosticados durante la infancia y que aprenden a "encajar" en la sociedad pasando desapercibidos.

Algunas de las características principales de este problema son necesidad de rutinas y previsibilidad. Les genera mucha frustración o ansiedad lo inesperado y los cambios que se realizan sin planear.

Asimismo, provoca hipersensibilidad sensorial frente a determinados sonidos, al igual que patrones repetitivos y restrictivos de comportamiento e intereses.

Dificulta la comunicación emocional, ya que las personas con autismo pueden tener problemas para expresar e interpretar las emociones de manera convencional. Para ellos la intimidad emocional y la conexión puede resultar en todo un desafío. Las personas con autismo pueden relacionarse con apego evitativo en el sentido de que tienen dificultad para entender las expectativas emocionales de su pareja. Por ejemplo, una de mis consultantes me comentó que su pareja hacía señalamientos rudos acerca de su apariencia física que parecían en tono de juego, y que, aunque no tenía una mala intención, eran expresados sin mucha conciencia de cómo podía afectarla esto. Otra consultante me narró la complejidad de tener que explicarle a su pareja cosas que consideraba muy básicas, como la importancia de compartir tiempo a solas para conectar emocionalmente.

Claramente, las personas con autismo tienen dificultades para interpretar las señales emocionales de su pareja, por ejemplo, si su pareja está molesta y no es capaz de expresarlo verbalmente, la pareja con autismo podría no reconocer en lo absoluto que la otra persona está enojada, o que está lanzando una indirecta. Al igual que si la pareja está triste por algo que la otra persona no logre entender concretamente no sepa cómo ofrecer su apoyo, lo cual podría interpretarse como si no le importara al no poder identificar con claridad la emoción del otro.

Por otra parte, alguien con autismo tiende a no demostrar afecto o expresar sus emociones de manera verbal como lo haría un neurotípico, lo cual conlleva que la pareja sienta un trato frío e indiferente, aunque esa no es la intención.

Es común que las personas con autismo necesiten tiempo a solas para relajarse cuando se sienten sobreestimuladas o abrumadas, lo cual se interpreta como una desconexión emocional, falta de interés o aburrimiento que termina causando problemas.

Por último, se podría decir que las personas con autismo también presentan algunos problemas a la hora de expresar afecto a través del contacto físico, como abrazos y caricias. Podrían sentir un afecto profundo, pero no saber cómo expresarlo de manera convencional.

LA DEPENDENCIA EMOCIONAL

Un apego ansioso, evitativo o cualquier herida de la infancia no sanada que adquiera dimensiones extremas puede desencadenar dolencias o trastornos psicológicos que le causarán una serie de problemas al individuo, tanto en su aspecto personal como para el resto de las relaciones que sostiene con el entorno.

Las afecciones psicológicas más importantes que se pueden desarrollar, bien sea por detonantes específicos o a falta de un tratamiento eficaz de estos apegos o heridas, son la dependencia emocional, la ansiedad generalizada, la depresión, el trastorno obsesivo compulsivo (TOC) y el trastorno límite de la personalidad.

En el caso de la dependencia emocional, hay quienes tienen un apego ansioso relacionado con una herida de ausencia, generando así una sensación de soledad. Esto quiere decir que al interior de la dependencia emocional subyace un gran miedo a la soledad.

A estas personas se les dificulta mucho estar solas y procuran vincularse de manera desesperada con cualquiera que llene el espacio, de ahí que en algún momento puedas ver a personas que terminaron una relación y a los quince días tienen una nueva pareja. Quizá hayas escuchado alguna vez a alguien que exclama sorprendido: "¡Oye, Fulano siempre necesita tener una pareja!". La explicación de ese hecho es que esas personas requieren llenar ese vacío que les produjo determinada falta en su infancia.

Por otro lado, están llenas de pensamientos distorsionados, como: "¿Y si no encuentro a nadie más?", "¿Y si esta es mi última oportunidad?", "Me quiere, pero a su modo", y de esa forma se llenan de una serie de distorsiones, puesto que lo que están evitando es estar solas, sentirse abandonadas o experimentar la ausencia de afecto de nuevo.

Por esta razón, terminan emocionalmente involucradas con personas con falta de madurez o con una visión de la relación de pareja poco realista. Es decir, se apresuran a comprometerse, viven la relación con mucha intensidad, no parecen ni siquiera conocer a su pareja y, en general, no parecen tener estándares a la hora de elegir con quién vincularse; más bien parece un acto desesperado por ser afín a alguien que esté disponible.

Cuando alguien padece dependencia emocional puede abandonarse por completo y empezar a fallar en diversos aspectos de la vida, tales como la independencia a nivel económico o laboral, abandona sus propios intereses, se ausenta de los vínculos sociales, de las amistades, de la familia, y la razón es que hace de la pareja el vínculo más importante de todos y la ansiedad de estar siempre con esa persona es muy predominante.

TRASTORNO LÍMITE DE LA PERSONALIDAD

Este trastorno de la personalidad tiene como componente principal la invalidez de los sentimientos de alguien por su entorno. Quienes lo padecen por lo general son personas hipersensibles al rechazo y con un problema importante de autorregulación. Con mucha frecuencia experimentan miedo al abandono, razón por la cual intentan permanecer en las relaciones, aunque se sientan infelices, o forman vínculos bastante caóticos.

Este problema también trae como consecuencia un desborde emocional que se manifiesta en una actitud impulsiva frente a situaciones como el rechazo. Para individuos con esta personalidad resulta muy difícil no idealizar a las personas y luego cambiar de idea frente a alguien, hasta llegar al punto de devaluarlo. De este modo, hacen que los vínculos sean inestables y cargados de mucho dolor.

No diagnosticar este problema por un profesional tiene consecuencias graves, porque la conducta que ellos presentan sin el debido tratamiento hace que se expongan a más rechazo social. Es decir, en el trabajo suelen no ser aceptados o poco aceptados, a pesar de que se esfuerzan el doble por caerles bien a las personas y a nivel interpersonal tienen grandes desafíos a causa de la poca regulación emocional y su consecuente retroalimentación. En el ámbito familiar siempre tienen problemas con otros miembros de la familia y, en general, sienten mucho resentimiento.

LA ANSIEDAD GENERALIZADA

Los sujetos con ansiedad generalizada tienen una necesidad de vincularse con otros, sin embargo, el criterio principal de la ansiedad es sentir preocupación excesiva y miedo al futuro. De este rasgo fundamental se puede desprender que sean perfeccionistas, lo cual también es algo muy vinculado con las heridas de exclusión, rechazo y ausencia, ya que cuando un sujeto tiene un problema de perfeccionismo siempre siente la necesidad de probarse a sí mismo que todo lo puede hacer bien.

Aunque también hay otros que reaccionan con procrastinación y lo dejan todo para después, debido a que tienen miedo a la crítica, a no ser suficientes, a ser excluidos y a que les digan que no pueden. Es así como el perfeccionismo está muy relacionado con la ansiedad generalizada.

Otra característica de este trastorno es que existe muy poca capacidad para estar en calma, algo que se deriva de la relación con los padres, puesto que en todo momento estaban preocupados o reaccionaban mal cuando estaban en este estado. También pueden ser niños que provienen de familias en las que no se podían expresar, como en las familias alcohólicas, dado que una vez que lo hacían detonaban la ira de quien tenía el problema de alcoholismo, generándoles así una preocupación constante por las cosas que iban a decir o no.

La ansiedad generalizada presenta varios síntomas que, por lo general, quienes la padecen no saben reconocer o no entienden que es ansiedad. Algunos de ellos, aparte de la preocupación extrema, son el insomnio, el cansancio, la sudoración excesiva, los temblores en las manos y el cuerpo, la aceleración del ritmo cardiaco, despertares súbitos, dolores estomacales, dolores de cabeza, el nerviosismo y las náuseas.

A muchos de los que van a consulta refiriendo que tienen ansiedad los ayudan a calmar sus síntomas, mas no les enseñan a descubrir qué hay al interior de ellos o de esa ansiedad, a saber si es el miedo a decepcionar, a no hacer las cosas bien, a equivocarse, al rechazo, etcétera. Al interior de la ansiedad se esconde mucho el miedo a la incertidumbre y la mayoría no sabe lidiar con ello.

Las personas con ansiedad sufren constantemente frente a los cambios y las cosas que no pueden controlar. La preocupación puede llegar a ser tan obsesiva que somatizan en su cuerpo muchas veces el estrés y a nivel emocional suelen estar muy cargadas de necesidad de validación o de que alguien más les diga que "todo está bien". Son, en su mayoría, muy sensibles a la crítica que proviene del exterior y la necesidad de no equivocarse los excluye de participar en actividades y situaciones que podrían ayudarlas a escalar en el aspecto laboral, social o romántico.

TOC RELACIONAL

El TOC o trastorno obsesivo compulsivo tiene causas biológicas, las cuales se entienden como una deficiencia de neurotransmisores químicos. Además de eso, de acuerdo con lo que he observado en consulta, está relacionado con los pensamientos obsesivos y con las compulsiones, que son todos aquellos comportamientos que llevamos a cabo de forma repetida para detener los pensamientos o sentirnos mejor.

Por ejemplo, si tienes una obsesión con que todo esté organizado y perfecto, sentirás la necesidad de planificar cómo harás para que nada se desordene. Una persona con TOC siempre va a estar en la búsqueda de evitar el malestar que le genera la falta de control, y por eso desarrolla varias rutinas.

Respecto a este trastorno en las relaciones, quien lo padece se pregunta con frecuencia si su pareja es la persona adecuada, si es o no compatible, si estará con alguien más... De hecho, se formula muchas preguntas acerca de qué pasaría si su pareja deja de quererla. Los pensamientos se vuelven tan recurrentes y abrumadores que comienza a indagar para lograr que su pareja haga comentarios que la hagan sentir mejor, buscando confirmación de manera constante. Este tipo de conductas detonan ansiedad y provocan rupturas también, debido a la intensidad y la frecuencia de discusiones.

Alguien con TOC relacional tiende a controlar lo que su pareja está haciendo y con frecuencia tiene pensamientos como: "Me está siendo infiel", y entonces chequea el teléfono de su pareja, le instala un GPS en el carro, visita sus redes sociales, cuenta los *likes* que da o recibe y observa de qué personas es amiga, se hace pasar por otro y le escribe a su celular para ver qué hace.

Hay pensamientos continuos y repetitivos que no se detienen, y por eso se habla de que los celos desmedidos se tienen que abordar como un trastorno obsesivo compulsivo,[7] ya que a causa de la falta del tratamiento adecuado muchos no saben cómo abordar este problema, pues no se ve como lo que es. No se trata únicamente de un tema de inseguridad, sino que en el trasfondo hay un TOC relacional que requiere de estrategias psicológicas para poderlo afrontar.

Para que adquieras una mejor comprensión de este trastorno te ofreceré como ejemplo el de un niño que se crio con una madre infiel en un ambiente de muchas discusiones a causa de la infidelidad. Ahora, en la adultez, la persona tiene predisposición a padecer TOC y experimentará la necesidad de corroborar si su pareja le está diciendo la verdad y si le es fiel. Este ejemplo te servirá para ilustrar que el TOC puede tener como temática las relaciones, a pesar de que por lo general se conozca por una forma específica, y los deto-

[7] G. Parker y E. Barrett, "Morbid Jealousy as a Variant of Obsessive-Compulsive Disorder", *Australian & New Zealand Journal of Psychiatry*, 31(1): 133-138, febrero de 1997. DOI: 10.3109/00048679709073811.

nadores van a ser las heridas o los traumas que se vivieron en la infancia.

El TOC opera como una especie de mecanismo de escape, puesto que siempre debe haber una forma de asegurarse de los escenarios, lo cual conlleva a una cadena de pensamientos muy difícil de detener. Otra de sus características es que este trastorno puede cambiar de temática todo el tiempo, y lo hace sin diagnóstico; por esa razón la persona no se logra recuperar al no poder dar con la causa de sus ideas obsesivas.

En muchas ocasiones, para este tipo de trastornos es necesario recurrir a la medicación y también a un tipo de tratamiento que involucre la exposición a lo que genera malestar, apoyado en prácticas cognitivo-conductuales para que se puedan observar cambios más significativos.

DINÁMICA DE HOY: IDENTIFICANDO MIS APEGOS

Te invito a reflexionar de qué forma te vinculas con las personas que son importantes para ti. Evalúa si es desde el apego evitativo, ansioso o el apego seguro.

Algunas preguntas de referencia pueden ser:

- ¿Puedo recordar cómo era la relación con mis padres o cuidadores en la niñez?, ¿qué sentimientos o sensaciones experimentaba la mayor parte del tiempo?, ¿seguridad, ansiedad, angustia o ambivalencia? Describe aquí tus experiencias y recuerdos.

- ¿Me considero una persona ansiosa con poca capacidad de esperar ante algunas situaciones que me causan incertidumbre? Si consideras que sí, reflexiona por qué.
- ¿Me cuesta trabajo vincularme de forma afectiva?, ¿tiendo a huir de los vínculos o situaciones en los que me siento comprometido a nivel emocional? Si la respuesta es afirmativa, analiza por qué.
- ¿Mis relaciones suelen ser ambivalentes, como una especie de vaivén emocional acompañado de inseguridad? Reflexiona respecto a qué crees que se deban tus inseguridades y vaivenes emocionales.

CAPÍTULO IV

INTELIGENCIA EMOCIONAL: LA CAPACIDAD DE LOGRAR LO QUE QUIERAS

¿QUÉ ES LA INTELIGENCIA EMOCIONAL?

Me gustaría definir el concepto de inteligencia emocional a la luz de un psicólogo que ha llevado a cabo una investigación exhaustiva acerca de este tema. Se trata de Daniel Goleman, un gran investigador reconocido a nivel mundial en el campo de la psicología por sus investigaciones en inteligencia emocional. Goleman define la inteligencia emocional como la capacidad que tiene una persona para reconocer tanto sus propias emociones como las de otros, y en función de ello poder gestionar diferentes respuestas conforme a lo que vaya sintiendo.

LA INTELIGENCIA EMOCIONAL SE DISTINGUE POR LA CAPACIDAD QUE TIENE ALGUIEN PARA COMPRENDER CÓMO SE SIENTE EN UN MOMENTO DADO Y GENERAR UNA RESPUESTA

O COMPORTARSE DE CIERTA MANERA DE ACUERDO CON LO QUE NECESITA.

Cuando hablamos de inteligencia solemos hacer alusión al coeficiente intelectual y a los aspectos que este abarca, como qué tanto sabe la persona, qué tan rápida es para resolver problemas, qué tan buena es para memorizar o aprender. Si bien es cierto que pudiésemos tomar tales características como inteligencia, la inteligencia emocional se distingue por la capacidad que tiene alguien para comprender cómo se siente en un momento dado y generar una respuesta o comportarse de cierta manera de acuerdo con lo que necesita.

En lo que a mí respecta, defino la inteligencia emocional como la habilidad de lograr lo que más me conviene y beneficia sin importar la situación en la que me encuentre. La inteligencia emocional consiste en la habilidad que tiene una persona para escanear por completo la situación en la que se encuentra y determinar qué tipo de consecuencias le van a generar las decisiones que tome en ese momento para actuar en función de ello.

Me gustaría que pensaras por un instante en cómo reaccionas en los momentos de dificultad: si actúas de manera impulsiva o si te enojas cuando tienes estrés, si eres impaciente o tienes la voluntad para resistirte frente a algo que quieres, pero que no te hace bien, o si permites que tu estado de ánimo cambie al momento de recibir una crítica o una retroalimentación. Es necesario que te formules estas preguntas, ya que te brindarán información valiosa acerca de qué tanto dominas lo que sientes.

Muchas veces nos topamos con personas que son en apariencia muy inteligentes, que a nivel académico son brillantes, pero con muy poca habilidad para gestionar lo que sienten y a la hora de canalizar sus emociones dejan las conversaciones a medias, se enojan con facilidad, arruinan momentos importantes como celebraciones, cumpleaños, bodas, reuniones familiares, no saben cómo no quedar en evidencia frente a otros, y en el momento en que sus emociones se desbordan, pierden el control de la situación.

Mi experiencia me ha permitido trabajar con personas brillantes e intelectuales con diferentes profesiones y de gran influencia, que han alcanzado altos cargos tanto a nivel académico como profesional, tales como médicos, empresarios, profesores e ingenieros. Sin embargo, a menudo vienen a mi consultorio con una enorme tristeza y desespero, porque, por ejemplo, no pueden gestionar o brindarle un mejor manejo a su relación de pareja, ya que cada vez que intentan establecer límites sienten miedo. Otro caso usual es cuando no se llevan bien con los familiares, e incluso con sus compañeros de trabajo.

A menudo me cuentan que inician discusiones innecesarias cuando se sienten confrontados con la retroalimentación, o con algo que consideran una crítica. De hecho, me han comentado de instancias donde en medio del enojo han renunciado a oportunidades laborales importantes que les hubiesen podido brindar gran estabilidad económica. O también cuando por miedo a decepcionar a otros no han sabido decir "no" y han quedado atrapados en compromisos que les generan intensa ansiedad y preocupación.

Adicional a ello, han compartido situaciones en las que el estrés y la ansiedad han jugado un papel importante y les han hecho quedar inmóviles en momentos determinantes. Hago alusión a esto porque es la falta de gestión de emociones lo que nos termina estancando en diferentes áreas y no nos permite lograr lo que queremos o lo que más nos conviene en cada una de las situaciones mencionadas.

Por esta razón, si tuviera que elegir qué tipo de inteligencia es más importante desarrollar, te diría sin temor a equivocarme que entender las emociones y poder tener control de la reacción abre más puertas que incluso los mismos estudios académicos. Porque al final puedes tener todos los títulos que quieras, pero si no tienes la capacidad de llevarte bien con otros, expresarte de manera asertiva y tomar decisiones que te beneficien, tus méritos pasan a otro plano.

Cuando te precipitas te cuesta lidiar con tu propio enojo y ansiedad, y las consecuencias a nivel social y emocional son inevitables. La razón es muy simple, y es que nosotros evitamos asociarnos con personas que nos resultan conflictivas, arrogantes, pesimistas, que generan ansiedad o que son difíciles de tratar y de establecer una buena conexión. Debido a esto, una persona que no posee autocontrol se expone a más rechazo y termina confirmando y reforzando su esquema y su filtro de exclusión.

Dentro de este contexto, considero relevante explicar que una parte de la inteligencia corresponde con ciertos rasgos hereditarios, por ejemplo: la forma como reaccionaban tus padres o la predisposición en el temperamento desde que naciste, los cuales son parte de tu personalidad. De ahí se deriva que con frecuencia escuchamos a otras personas decir: "No quiero ser como mi papá o mi mamá".

Hay quienes tienen una predisposición del comportamiento que los lleva a ser muy impacientes y con una tolerancia al estrés muy baja; esto se debe a que durante su infancia estuvieron expuestos a situaciones con los padres, quienes tampoco gestionaban adecuadamente sus emociones y terminaban perdiendo el control.

Es probable que puedas recordar momentos en los que tu padres o cuidadores se impacientaban frente a alguno de tus comportamientos. Los hijos aprenden desde pequeños a imitar estos patrones de descontrol y ansiedad y en la adultez se comportan igual o peor, pues ya tienen una predisposición interna a ese tipo de reacciones.

EL PROBLEMA NO ES LO QUE VIVES EN ESTE MOMENTO, EL PROBLEMA ES TU RESPUESTA FRENTE A LO QUE ESTÁS VIVIENDO.

Gestionar tus emociones es la clave y la llave maestra para que tus relaciones y vínculos funcionen. Como siempre digo en consulta, el problema no es lo que vives en este momento, el problema es tu respuesta frente a lo que estás viviendo. En la vida siempre estaremos frente a situaciones que nos detonen, nos estresen, nos generen angustia, y es allí donde tenemos que aprender a reconocer lo que sentimos para luego decidir qué hacer con nuestras emociones.

Independientemente de la situación en la que te encuentres, que podría ser desde pasar un examen académico hasta gestionar el enojo con tu pareja, ten la seguridad de que saber cómo reaccionar frente a cada situación te ubica en un lugar de ventaja frente a la vida. Existe una gran diferencia entre una persona que sabe gestionar lo que siente, sin tener que actuar de forma desmedida o meterse en más problemas, y una que no.

SABER CÓMO REACCIONAR FRENTE A CADA SITUACIÓN TE UBICA EN UN LUGAR DE VENTAJA FRENTE A LA VIDA.

LA FALTA DE HERRAMIENTAS EMOCIONALES

Debemos aceptar que muchas veces reaccionamos de una u otra manera porque no contamos con las herramientas adecuadas para hacerlo mejor. La falta de recursos para la gestión emocional puede desencadenar una serie de dificultades a nivel psicológico.

Dentro de la categoría de problemas psicológicos que está en la base de la dificultad de la regulación emocional se encuentran el trastorno límite de la personalidad, la depresión, la dependencia emocional y la ansiedad generalizada. Por lo general, estos suelen ser una interacción entre la herida de rechazo, de abandono y la falta de regulación emocional.

Existen dos maneras comunes de que regules lo que sientes cuando no tienes las herramientas necesarias para hacerlo: la primera es romper en llanto, enojarte de forma desmedida frente a una situación que sea detonante; y la segunda es internalizar, o lo que conoces como "guardar" los sentimientos o no expresarlos, y pretender que no pasa nada cuando no es así. Tanto el que hace escándalo por no saber regular sus emociones como el que las internaliza responde a casos de falta de regulación emocional.

Lo ideal es que puedas comprender lo que sientes y decidir qué hacer con ello. Sin embargo, el gran problema es que a veces ni siquiera alcanzamos a ponerlo en palabras.

La forma como gestionas lo que sientes la aprendiste de tus padres, en la infancia, quienes te enseñaron cómo reaccionar frente a una situación que te causó mucho estrés. Lamentablemente, muchos padres no tuvieron esas herramientas debido a que vinieron de un entorno donde los castigaban por hablar de sus emociones, tenían consecuencias graves por llorar, les decían a los niños que los hombres no lloraban y una serie de situaciones que invalidaban sus emociones y sentimientos.

Un ejemplo típico es el de un niño que siente celos de su hermanito que acaba de nacer y los padres le dicen: "Tú no puedes sentir eso, porque es tu hermano, lo tienes que querer y cuidar". Es un caso de invalidación emocional, pues allí no hay una explicación acerca del amor incondicional de mamá, del cuidado y la protección que les brindan los padres a ambos hijos, de la seguridad que les pueden ofrecer, etcétera. De esa forma, no se le enseña al niño a gestionar sus emociones de manera saludable, sino a reprimirlas.

No obstante, la mayoría crecimos en un ambiente donde nuestros padres no tenían idea de lo que era la gestión de las emociones y solo escuchábamos frases como: "Deja de llorar, ¿por qué tanta lloradera por eso?". Dicha invalidación se queda con nosotros y nos acompaña a lo largo de la vida, pues ahora en la adultez es posible que evitemos hablar con otras personas acerca de cómo nos sentimos por el miedo a parecer "débiles" o ser percibidos como un inconveniente para los demás. Por otra parte, es posible que tengamos tan internalizado el rechazo que reaccionemos de manera defensiva ante cualquier comentario que interpretemos como una crítica.

En segundo lugar, cuando hablo de ansiedad, en concreto me refiero a la poca capacidad para detener los pensamientos compulsivos de preocupación y estrés frente a determinadas situaciones. Es un temor que te genera incertidumbre, debido a que no sabes qué va a suceder en el futuro.

Todos, en algún momento de la vida, sufrimos de ansiedad, sin embargo, hay quienes saben canalizar tan bien esta sensación de angustia por la incertidumbre, que en lugar de estresarse emplean su capacidad de regularse a través de actividades como caminar, leer, meditar, pintar, escribir o cualquier actividad que les ayude a canalizar lo que sienten en ese momento; a esto me refiero cuando hablo de lograr hacer lo que es más conveniente.

Cuando no tienes la capacidad de regularte conviertes en un hábito la preocupación, incluso de cosas que no lo ameritan.

Esto también sucede con aquellos que son muy volátiles o que se enojan con facilidad, aunado a la herida de rechazo y de abandono.

Si aparte de eso no eres capaz de regular tus emociones, todo se convierte en un problema más grande, ya que cualquier evento puede detonar una reacción: si alguien te mira mal se te arruina el día; si en el trabajo te dijeron que tienes que mejorar, se te viene todo abajo y no sabes qué hacer con esa emoción que es más grande que tú; si tu pareja no aparece en todo el día estallas en angustia y recreas escenarios de abandono.

Los que tienen problemas para gestionar sus emociones tienden a verlas más grandes que ellos y no logran conceptualizarlas ni analizar el contexto. Un ejemplo contrario sería que si tu jefe solicita una reunión contigo y te dice que tienes que mejorar, de inmediato piensas en formas de avanzar: "Mi jefe me indicó que necesito mejorar algunos aspectos. Me siento mal porque no estoy haciendo las cosas bien, me llamaron la atención; sin embargo, voy a analizar e interpretar la situación para ver de qué forma puedo hacerlo mejor". Allí hay un proceso en el que eres capaz de darle a la situación diferentes interpretaciones gracias a que estás regulando lo que sientes.

O en una relación de pareja, después de una discusión, uno de los dos pudiera decir: "No es el momento adecuado para que conversemos, en vista de que me siento muy molesto y desilusionado. Necesito unos minutos para digerir esto y luego volvemos a conversar". Lastimosamente, no es lo que sucede, y lo que termina pasando muchas veces es que en medio de la conversación alguno se molesta, se toma todo de forma personal y no permite que el otro hable porque no sabe canalizar lo que siente en ese momento.

Mi concepción es que la gestión de las emociones es como una llave maestra, pues te abre o te cierra oportunidades. Cuando logras gestionar lo que sientes ya no eres víctima de las circunstancias y ejerces un verdadero control sobre lo que sucede. Estar en calma, sin la influencia de una emoción, te permite darte cuenta de que tu interpretación es manipulable a tu conveniencia.

De hecho, en algún momento comenté con mis colegas que gestionar las emociones es aprender a identificar el momento de huir, y no precisamente porque seamos cobardes, sino más bien porque somos estrategas, estamos tratando de calmarnos, de pensar y analizar la mejor opción para nosotros. Tal como un soldado que al quedarse sin munición decide huir para salvaguardar lo más importante, que es su vida.

De la misma manera, si lograras aprender cuándo es el momento de huir, es probable que pudieses tener en calma esas conversaciones incómodas con las personas, tomarías las decisiones difíciles en frío y sin la influencia de emociones tan cambiantes como el enojo, la soberbia, el rencor, la euforia, el miedo o la angustia. Y así, un sinnúmero de situaciones a las que te enfrentas a diario. Pienso que la gestión emocional es un tema que deberían enseñar en las escuelas, puesto que es lo que nos llevará en un futuro a lograr el éxito.

Esto nos indica que la gestión de las emociones es útil para los proyectos de vida, ya que en los procesos experimentarás emociones y sentimientos que deberás aprender a canalizar si quieres llevar a cabo tus objetivos, de lo contrario, se abren procesos de procrastinación y estancamiento.

Alguien que no sabe gestionar sus emociones es como si estuviera en estado de embriaguez. Cuando estás enojado, triste o bajo el efecto del sentimiento de culpa y te gobiernan las emociones, cometes el error de meterte en muchos problemas. Tal es el caso de los que experimentan celos constantes, que toman acciones impulsivas, como irse de la casa o amenazar con irse, insultar a la pareja y lastimar más la relación en un momento de enojo, dejarle de hablar a alguien o prohibirle a su pareja ciertas amistades, y por no canalizar las emociones cometen el error de herir a muchos, debido a que no tienen responsabilidad afectiva ni la empatía para ver cómo está siendo percibida por el otro su acción.

El refuerzo que recibimos del exterior también es un factor influyente, pues si, por ejemplo, sabes que cuando te pones triste empiezas a decirles a todos que estás triste y la gente corre a darte atención y se hace cargo de ti, ¿qué vas a hacer la mayor parte del tiempo? En efecto, te vas a comportar de forma dramática y subirás estados a Facebook, Instagram o WhatsApp con tal de hacerles saber a los demás que te sientes mal. Aunque te resulte difícil lidiar con esa emoción, logras obtener satisfacción, cariño y comprensión con ese tipo de comportamiento.

Si yo sé que en mis relaciones de pareja aplicar la ley del hielo y tratar de manipular funciona mejor en lugar de conversar y gestionar mi enojo, voy a terminar haciendo lo que más me resulte efectivo y lo que el ambiente me está reforzando. Al final recibiré el refuerzo y para mí será más difícil aprender nuevas formas de gestionar mis emociones de esa manera.

No obstante, recurrir a estrategias que te funcionan únicamente por el refuerzo que recibes no te permite evaluar la manera más efectiva de analizar tus emociones y hacerte consciente de que ese tipo de patrones te terminará sumergiendo en el problema, lejos de evaluar qué sientes en ese momento: angustia, desespero, tristeza, deseos de ser querido o escuchado, para que te des cuenta de cómo te estás gestionando a nivel emocional.

Hay algo que está haciendo que mantengas ese comportamiento y tu trabajo es averiguar qué es. Ese análisis es una de las primeras claves para encontrar el camino de gestionar tus emociones.

ESTRATEGIAS PARA GESTIONAR MEJOR LAS EMOCIONES

A lo largo del tiempo se han diseñado distintas estrategias para gestionar las emociones y en la actualidad el tratamiento más completo que aborda este tema proviene de la terapia dialéctica conductual. Esa terapia fue especialmente diseñada para todos aquellos que tienen problemas severos de gestión emocional, incluso también se ha demostrado que funciona muy bien para aquellos que tienen trastorno límite de la personalidad.

Estas estrategias terapéuticas se enfocan en el aprendizaje de separar las emociones de la razón, con el fin de lograr una integración de ambos aspectos. Se suele decir que dos verdades no necesariamente tienen que excluirse una de otra, sino que se pueden sostener juntas.

Por ejemplo, cuando admites que extrañas mucho a alguien después de una ruptura, estás validando tus sentimientos. Y, por otro lado, aunque lo extrañas, reconoces que no le hace ningún bien a tu vida, que ya le has dado muchas oportunidades y aun así no da la talla. En ese caso estás validando tus propios sentimientos. En efecto, te sientes triste, pero fíjate en la diferencia de tu lógica cuando decides aceptar y añadir la verdad de este asunto que refieres como "no me hace bien, no me conviene".

Las emociones son las que nos hacen humanos. No obstante, nuestra capacidad de razonar también juega un papel fundamental a la hora de regular algunos estados emocionales. Es por ello que buscar un punto intermedio entre dos realidades que son opuestas te ayudará a enfocarte y darte cuenta de que estás empleando la razón al mismo tiempo que validas tus emociones.

Otra estrategia que suele aplicarse en la actualidad para la gestión de las emociones consiste en las técnicas de *mindfulness*, las cuales te ayudan a que logres conectarte con lo que sientes. Hoy en día estamos muy desconectados de lo que sentimos y muchas personas suelen mostrarles a los demás que están muy bien, cuando por dentro están llenas de tristeza y de ansiedad, invalidando lo que sienten y por lo tanto rechazando su propia emoción.

Hace mucho tiempo tuve la oportunidad de trabajar en algunas cárceles con reclusos que experimentan emociones muy fuertes como la ira, el enojo desmedido y la tristeza, y en una ocasión conversando con un paciente le planteé el ejercicio de tener una llave y le pregunté qué estaba pensando la persona que inventó la primera llave, a lo que él me respondió: "La creó para guardar cosas y protegerlas".

Luego le pregunté que si le daría su llave a cualquiera que la quisiera y dijo que no. Después le pedí que se imaginara que tenía una llave en su mente y que solo podían tener acceso a ella quienes él decidiera. Esas indicaciones las acompañé con una reflexión: "Si estás con alguien que te dice un comentario que te hizo sentir mal, te irrita o te enoja, piensa que le estás entregando esa llave que solo te pertenece a ti. Lo mismo sucede en otros ambientes, ¿qué tan importante es esa persona como para que le entregues la llave y permitas que te haga sentir mal con sus comentarios o te haga sentir diminuto?".

Empecé a aplicar el concepto de la llave con muchos de ellos para que se dieran cuenta de que tenían mucho más control de lo que realmente creían, funcionó muy bien. De hecho, tuve pacientes que interiorizaron tanto el concepto de la llave que con el tiempo se pusieron brazaletes o collares con el recordatorio de una llave. Esta fue una dinámica eficaz en centros de salud mental y prisiones, puesto que a nivel visual les generó un buen efecto saber que tenían esa herramienta.

El concepto es simple: aprende a determinar quién es suficientemente importante para alterarte, sacarte de quicio o hacerte sentir insignificante. Recuerda siempre que ese poder es tuyo y que las situaciones y las personas solo tienen la importancia que tú decidas otorgarles. Para ello, elaborar dos listas te funcionará, bien sea mentales o escritas. En una puedes escribir "lo importante", y en la otra "lo no importante". Comienza a clarificar el significado que le das a cada situación, evento o persona, y te darás cuenta de que muchas cosas por las cuales perdemos la cabeza no son en realidad tan importantes.

También hay una estrategia eficaz, la cual consiste en que visualices que tus emociones son como un semáforo: cuando está en rojo significa que debes detenerte, ya que cuando el semáforo muestra ese color y la persona sigue manejando puede llegar a atropellar a alguien o llevarse una multa. Lo mismo sucede si estás bajo el efecto del enojo o la ira. En ese momento tu semáforo está en rojo y tienes que esperar que cambie a verde. De lo contrario, vas a vivir por la vida atropellando gente o estrellándote contra las paredes.

En la vida real funciona tal cual, si andas en rojo, perderás oportunidades importantes para ti, tus relaciones no prosperarán y cerrarás muchas puertas.

Todas las emociones pueden subir al máximo y luego descender, y tú tienes que darles tiempo para que puedan bajar. Por ejemplo, en este momento te puedes encontrar mil dólares y sentirte muy feliz, aunque más tarde volverás a tu estado anterior, pues las emociones son variables.

De esa forma enfatizo que todos tenemos emociones que descienden con el tiempo y que es fundamental aplicar la regla de las veinticuatro horas, la cual consiste en no decir nada hasta que pase el enojo. Y si en veinticuatro horas aún tienes deseos de expresarte, entonces es importante lo que tienes que decir, solo que no debes hacerlo bajo el efecto de la emoción de ese instante. Tan cierto es que nuestras emociones descienden.

Es por esta razón que tenemos que disculparnos después de que actuamos sin pensar en las consecuencias. De ahí la importancia de saber huir como el soldado que va en busca de munición. Se trata de que busques calma, serenidad, palabras más inteligentes y asertivas para lograr lo que deseas o para llevar a cabo comportamientos que te acerquen a lo que estás buscando en realidad.

LA INVALIDACIÓN EMOCIONAL

Tal como suelo observar en terapia, nadie tiene derecho a decirte cómo debes sentirte. Independientemente de si estás equivocado o hiciste lo correcto, sea tu culpa o no, ninguna persona te puede imponer cuál ha de ser tu emoción o sentimiento ante determinada situación. Asimismo, es importante destacar que las emociones en ningún momento son negativas, sino que lo relevante es la forma como actúas con ellas y si permites que sean las que dirijan tu vida sin ningún control. Sentir enojo no es el problema; el verdadero problema es lo que haces cuando estás enojado.

Soy enfática en ese aspecto, pues estamos acostumbrados a que nos digan cómo sentirnos, a que nos juzguen por lo que sentimos, a que nos señalen: "¿Estás triste por eso? No deberías estar así", "¿Por qué reaccionas de esa forma?, ¿por qué te molesta esto? No deberías sentirte de esa manera, con la vida tan bonita que tienes", "¿Por qué estás molesto si en realidad estás equivocado?". Existe una invalidación constante y creo que a partir de ahí se desata el enojo, el desespero y la angustia, puesto que estamos esperando que venga alguien más a ser empático con nosotros y no sucede.

Por esa razón es necesario que pongas en práctica la empatía, y para poder tener empatía, primero tienes que entender que las emociones de otra persona son de esa persona y no te pertenecen. Si esa persona está molesta contigo no te corresponde ir a hablar con ella, al contrario, más bien te toca reconocer que esa emoción le pertenece a ella y no hay nada que puedas hacer para cambiarlo en ese momento.

PARA PODER TENER EMPATÍA, PRIMERO TIENES QUE ENTENDER QUE LAS EMOCIONES DE OTRA PERSONA SON DE ESA PERSONA Y NO TE PERTENECEN.

Lo que sí puedes hacer, y tienes el derecho, es explicar, validar tus emociones al respecto y comunicárselo: "Entiendo cómo te sientes, sé que debe ser difícil para ti y estoy tratando de hacer lo posible por comprenderte. Ahora, desde mi punto de vista, la manera como interpretaste la situación está un poco sesgada. Aun así, reconozco tus emociones y me importan".

Lo mismo sucede con tus emociones: eres la única persona que las tiene que validar. Una de las razones por las que muchos experimentan molestia o frustración es porque la gente vive invalidando las emociones de los demás y diciéndoles qué es lo que tienen que sentir o no, y de qué forma expresarlo.

No obstante, la clave número uno es validar tus sentimientos, entender que tus emociones te pertenecen y que no es trabajo de otros decirte que está bien o está mal sentirte como te sientes. Si para ti hubo un hecho que causó un estallido en tu interior, esa es tu emoción y a nadie más le pertenece.

Entonces, la pregunta que realmente importa es: ¿qué haces con tu emoción y con la forma como la vas a gestionar después de que la validas?, ya que eso sí es tu responsabilidad. Aunque no eres culpable de lo que sientes, eres responsable de cómo actúas, de si dañas a los demás, de si te estás ayudando a ti mismo o te estás hundiendo en un hueco.

De modo que existe una gran diferencia entre sentir y hacer. Tienes que saber qué estás haciendo con tus sentimientos, puesto que tu modo de actuar sí está bajo tu control y responsabilidad, y tu deber es cambiar si no te está llevando a ningún lado.

¿CÓMO SE LLAMA TU EMOCIÓN?

No todas las personas saben ponerle nombre a lo que sienten y, aunque no tienen que saberlo siempre, pueden aprender a identificarlo. Cada vez que llegan a terapia casos en los que los pacientes no saben nombrar sus emociones les muestro la rueda de las emociones, en vista de que hay personas que han sido tan anuladas o nunca les han enseñado a hablar de lo que sienten y no saben ponerle nombre a la emoción.

Necesitamos dejar de ser tan básicos a la hora de pensar y deducir que todos tienen la capacidad de comunicar verbalmente cómo se sienten. Muchas veces la falta de tolerancia proviene de la ignorancia de saber que el otro no encuentra la forma de expresar o manifestar cómo se siente y lo que hace es quejarse: "Es que mi pareja no se comunica", "Es que Fulano no habla de sus emociones", sin considerar que esa persona quizá no tiene las herramientas para hacerlo. El hecho de que sepas ponerle el nombre a lo que sientes, bien sea alegría, miedo, rencor, ira, sorpresa, tristeza, desagrado, no significa que otros tengan la capacidad de definir bien lo que están sintiendo.

Hay personas que, por ejemplo, refieren que tienen mucha ansiedad, y yo les digo que ansiedad es una palabra muy compleja que abarca muchas cosas, así que, en su lugar, les pido que me indiquen en toda la rueda de emociones qué es lo que sienten. Es importante que puedas prescindir de encasillar a las emociones en títulos tan grandes. Debes desglosar la emoción y separarla en partes para que te des cuenta de que muchas veces lo que sientes es más profundo y complejo de lo que crees y puede tener una variedad de matices, como frustración, desagrado, incomodidad, desespero, desilusión, inquietud, angustia, incertidumbre, entre otros.

Existen muchas palabras para definir lo que sentimos antes de poderlo gestionar; eso sí, primero tienes que saber qué sientes y dejar de deducir que todos tienen una claridad respecto de sus sentimientos. Incluso, en muchas ocasiones te vas a encontrar con personas que por no saber identificar sus emociones mucho menos van a poder validar las tuyas. En esos casos te corresponde identificar lo que sientes para que tú mismo lo puedas solucionar, darle un uso o un manejo diferente a la situación.

Cuando tienes la capacidad de tener empatía por lo que sientes, sentirás empatía por los demás y, por lo tanto, el comentario, la reacción o la emoción del otro no te va a afectar de forma directa, gracias a que dejarás de tomártelo todo como algo personal.

Para ilustrar mejor el tema de identificar las emociones, supongamos que Claudia se acaba de enterar de que su expareja está con otra persona, que no se quedó para luchar por el hogar con ella, sino que se fue. Cuando ella habla de lo que siente refiere mucha rabia, impotencia y frustración. Su terapeuta le pide que le explique cuál de todas las emociones es la que siente, dado que detrás de toda esa frustración tal vez existe la necesidad de que su pareja la hubiera llamado y la buscara. En cambio, lo que Claudia siente es que para esa persona ella no era suficiente. Adicionalmente, siente rabia porque tenía la ilusión de tener un hogar, de formar una familia con ella y ahora su pareja solo la reemplazó. En este sentido, Claudia debe desbloquear cada emoción para entender el contexto de la situación y ver qué hay detrás de ella.

Hay poca racionalidad cuando evaluamos las cosas únicamente desde la perspectiva emocional. Una vez que entiendes por qué te sientes como te sientes, puedes agregar más razonamiento lógico. Así, Claudia siente mucha tristeza debido a que quería un hogar con esa persona, aunque también es cierto que aquella persona tenía mucha inmadurez y no podía aportarle lo que se necesitaba en la relación.

Tiene que haber una conjugación entre la emoción y la razón. Cuando validas la emoción, la misma baja de intensidad, pues las emociones son como los avisos de Netflix o YouTube, que aparecen durante unos segundos y no puedes darles continuar hasta que no termine el comercial. De manera análoga funcionan las emociones. El siguiente paso será reinterpretar las emociones, y cuando lo logras les das un significado diferente y, por ende, no las sentirás con la misma intensidad y desespero, pues resignificar te brinda la oportunidad de actuar de forma distinta con base en esa emoción.

Volviendo al caso de Claudia, quien sentía frustración y tristeza, después descubrió todo lo que significaba para ella esa situación y con la reinterpretación que logró concluyó que no funcionó con esa persona y, aunque le duele mucho, también sabe que no era feliz en esa relación, por lo que le corresponde seguir adelante con su vida, otras experiencias y otras personas la esperan, y es consciente de que si se recuperó todo tendrá un mejor sentido.

Como te podrás dar cuenta, gestionar, interpretar y reconocer es un proceso interno que te da la oportunidad de seguir adelante. Se trata de que valides la emoción y la experiencia sin dejar de comprender que no es lo único que va a ocurrir y permanecer el resto de tu vida. Para ello es necesaria la empatía, no solo con las otras personas, sino también contigo mismo, pues cuando eres empático contigo mismo vas a poder identificar lo que los otros están sintiendo, algo que te convertirá en una persona más asertiva en tus relaciones.

Un paso adicional que puedes agregar es hacer lo que está dentro de tu control, es decir, respirar profundo, caminar, escribir o hacer alguna actividad que te permita drenar de una u otra forma y tomarte el tiempo de ver qué funciona para ti. Todos en algún momento necesitamos escuchar palabras de aliento, solo que no caemos en cuenta de que en primer lugar deben provenir de nosotros mismos.

El siguiente paso es fortalecer esa persona interna para que te hable constantemente y te diga que todo va a estar bien. Una vez que estableces esa relación contigo muchas cosas van a mejorar y ya no necesitarás esa validación externa. Tienes que trabajar para dejar de buscar la validación de otras personas y tener la tuya propia para que puedas acceder a ese diálogo interno que te ayudará a centrarte y sentirte mejor.

Hay un término utilizado en la actualidad, el *gaslighting* o luz de gas, el cual consiste en hacer que una persona se cuestione o dude de su realidad y de su juicio, invalidando así sus percepciones y emociones. Así, si alguien se siente triste empieza a elaborar un discurso que trate de invalidar esa tristeza o cuestionarla, cuando en realidad sí tiene motivos o razones para estar triste. No obstante, tiene en su mente que es alguien dramático y sensible, y en consecuencia se hace *gaslighting* a sí mismo pensando que no debería estar triste.

La realidad es que no se le va a olvidar lo que siente, debido a que tiene que ser procesado de una forma saludable reconociendo esa emoción, porque cuando no la reconocemos es cuando nos metemos en más problemas, ya que todas quedan contenidas en nuestro interior.

Ten esa compasión y la capacidad de detenerte a validar tus emociones cuando las cosas no te salgan bien, y en esos casos te quedan dos opciones: levantarte, evaluar y tomar la mejor acción, o quedarte estático. ¿Cuál crees qué te va a hacer sentir mejor? Esa es la gran diferencia entre aquellos que regulan de manera adecuada y las personas que no lo hacen.

Recuerda: tus emociones son tuyas, no pertenecen a los demás. Comienza por aceptarte tal como eres, pues la aceptación es indispensable para el autoconocimiento. Nadie tiene derecho de decirte que no deberías sentirte de cierta manera, puesto que tus emociones te pertenecen y, además de ello, también tienes el control de tu comportamiento. Finalmente, tienes que comprender que lo que te mete en problemas no es tu sentimiento, sino más bien tu comportamiento. Pues no es lo mismo sentirse enojado que comportarse con enojo.

¿QUÉ GANAS TÚ? NO OLVIDES TU OBJETIVO

Comprender tus emociones y darles la importancia que merecen es un asunto de amor propio y también una manera increíble de que sanes tus heridas de ausencia y exclusión, pues es darte a ti mismo una importancia que quizá no lograste sentir en el pasado cuando se trataba de tus sentimientos.

Lo que sientes es importante. Te repito: detrás de cada emoción hay una razón por la cual te sientes como te sientes. Luego de que lo identifiques procura gestionar, arreglar y ajustar tu interpretación hacia lo que más te convenga o, mejor dicho, lo que te haga sentir mejor, lo que te acerque a tus objetivos, y no lo que te aleje. Tú eres tu mejor aliado, así que procura no hacerte daño con la interpretación sesgada de lo que te sucede.

Por otra parte, no olvides que gestionar las emociones funciona como un negocio: piensa siempre en lo que tienes para ganar o perder si decides actuar con impulsividad o enojo. Bajo esa perspectiva, tener identificado el objetivo antes de una conversación difícil te pondrá siempre en ventaja frente a alguien que reaccione en modo defensivo contigo.

Si la intención para ti es expresar tu punto de vista y ser escuchado, mantén la calma, porque lo que te conviene en esa conversación es exponer tu punto de vista, y no iniciar una discusión. Si tu jefe necesita darte una retroalimentación y tu objetivo es permanecer en tu empleo, entonces busca adaptar la crítica como algo constructivo y a tu conveniencia.

Siempre piensa en la mejor manera de ganar frente a cada situación, pues no hay nada que no puedas lograr con la interpretación y la gestión correcta de tus emociones.

DINÁMICA DE HOY: CONÉCTATE CON TU EMOCIÓN Y EXPLÍCALE A TU CUERPO

Cada emoción detona en nuestro cuerpo una sensación. Tómate el trabajo de entender lo que sientes a nivel físico. Solo cuando logres la integración de tu emoción y el cuerpo estarás listo para procesar aquello que sientes.

Para realizar este ejercicio repite constantemente frases que te ayuden a calmarte. Algunos ejemplos son:

- Siento esta presión en el pecho porque tengo miedo.
- Suelto mi necesidad de controlar, pues resistir me causa más dolor que el mismo resultado.
- Suelto, porque este sentir me incomoda, me desgasta emocionalmente más que cualquier cosa que pueda suceder después de soltar
- Verás que, al validar y permitirte sentir, tu cuerpo comenzará a responder de manera diferente.

CAPÍTULO V

ESTABLECE TUS LÍMITES Y EMPODÉRATE

SIENDO TU PROPIO CUIDADOR

Desde mi perspectiva, cuando una persona está en proceso de recuperar su autoestima, establecer límites es una de las decisiones más importantes a tomar. Quizá, en medio de lo que hoy conoces y te enseñaron desde que eras niño, no sepas cómo establecer límites a las demás personas, y la razón se encuentra en el miedo de volver a sentir la ausencia, el rechazo, el desprecio, la falta de aprobación o incluso en el miedo a la soledad y a lo que implica desaprobar a alguien que es fuente de afecto.

A la hora de establecer límites la mayoría piensa que es un acto egoísta, pero lo que desconocen es que es todo lo contrario, ya que sentar límites es un acto de amor propio. Cuando estructuras límites te haces cargo de ti mismo y no necesitas que alguien más lo haga por ti. Mientras que, cuando no sabes poner límites, eres como una especie de títere o marioneta, puesto que estás a la deriva y a merced de las decisiones de los demás, anulando la capacidad que tienes de decidir para tu bien.

SENTAR LÍMITES ES UN ACTO DE AMOR PROPIO.

Lo que he notado en las personas que les falta estructurar límites es una tendencia a victimizarse, lo cual es sinónimo de no tener un verdadero control, pues a causa de la ausencia de límites permiten una serie de cosas con las que no están de acuerdo y les generan malestar, de hecho, sienten que los devalúan y, aun así, están dispuestos a hacer aquello que no desean.

Cabe destacar que muchos no saben cómo poner límites debido a que estuvieron y crecieron en un hogar donde tampoco había límites. De pronto sus padres no les permitían tomar decisiones y las tomaban por ellos; hubo escenarios y situaciones donde el niño o el adolescente quedó expuesto y no pudo decir nada para defenderse; o vio a los demás asumir una postura pasiva o en la que no pudo marcarles los límites a sus padres, expresándoles: "No me llames inútil, no me digas incapaz, no me repitas que no puedo...". Entonces, se crio en un ambiente donde la autoridad era arbitraria y, en consecuencia, en la adultez le es muy difícil estructurar límites. ¿Cómo hace un niño para ponerles límites a sus padres, los cuales le aplican la ley del hielo cuando se enojan?

ESTABLECER LÍMITES CONLLEVA A QUE TE PUEDAS SENTIR MÁS SEGURO, ALGO QUE CONTRIBUIRÁ A QUE RESGUARDES TU INTEGRIDAD EN VARIOS ASPECTOS DE TU VIDA.

Hay otros escenarios en los que también resulta complicado marcar los límites, como ambientes violentos o con problemas de adicción de sustancias como el alcohol. Se supone que los padres o cuidadores son los que deben cuidar al niño, sin embargo, en estos contextos la situación es contraria y los padres no se constituyen en un soporte de protección y cariño que pueda brindarle al niño la posibilidad de ser escuchado y considerado.

Hoy puedes ver el establecimiento de límites como un viaje que haces al pasado para ver a ese niño por el que sus padres o cuidadores decidían, solo que ahora eres tú el que te vas a convertir en tu propio cuidador para aprender a ponerle límites a ese niño interno. ¿Qué quiero decir con esto? Supongamos que tu pareja tiene una tendencia a abusar del consumo de alcohol en algunos lugares. Un día van a una fiesta, en ese lugar se embriaga y para evitar que se moleste te subes al carro, a sabiendas de que está en estado de ebriedad. En ese caso, estás anulando tu propia voz, tu postura frente a la situación, y te estás invalidando, o, peor aún, estás diciendo con ello que tu seguridad no es importante.

Establecer límites conlleva a que te puedas sentir más seguro, algo que contribuirá a que resguardes tu integridad en varios aspectos de tu vida. Es un acto de amor propio que no se debe considerar como egoísta, ya que es más egoísta no ponerles límites a los otros y luego culparlos por lo desdichado que te sientes: "Es que no me respetan", "Es que ya me han prometido muchas cosas y no las cumplen", "Es que el otro abusa de mí". Pregúntate a quién estás culpando, si estás culpando a esa persona que te ha hecho promesas que no ha cumplido o de quién es la responsabilidad en ese momento.

La respuesta es que eres tú quien está transgrediendo tus propios límites y no quieres aceptar que esa persona no está dispuesta a respetarlos. Ten en cuenta entonces que establecer límites, lejos de ser un acto egoísta, es un acto para proteger tu integridad.

Ocupar el lugar de la víctima es un acto inconsciente y, al mismo tiempo, un modo de resolver disonancias cognitivas, pues cuando no sabes establecer límites es más fácil que vayas culpando a los demás por lo que tú mismo estás permitiendo.

Sea de manera consciente o inconsciente, el hecho de no dejarles los límites claros a los demás te pone en una situación que es como un hueco del cual no puedes salir, y si no puedes controlar tus propias acciones, ¿qué más está fuera de tu control? A falta de esta respuesta, muchos no logran recuperar el control que desean en su vida, no pueden avanzar, conseguir lo que quieren ni ser escuchados.

CUANDO NO SABES ESTABLECER LÍMITES ES MÁS FÁCIL QUE VAYAS CULPANDO A LOS DEMÁS POR LO QUE TÚ MISMO ESTÁS PERMITIENDO.

NO ERES CULPABLE POR DECIR "NO"

La autoestima es una estructura cuya base te permite crear límites y tomar decisiones para tu bienestar, tal como si fueras tu propio cuidador. Si fueras tu propio cuidador, te dirías: "No te vas a subir en ese automóvil con esa persona que está en estado de ebriedad; no hay manera de que te subas ahí porque las probabilidades de que te suceda algo malo son muy altas", o "Estás en un hogar donde te están lastimando y de ninguna manera voy a permitir que lo sigan haciendo". De alguna forma, más que un acto egoísta, asegura tu supervivencia y tu bienestar.

Lastimosamente, muchos reciben ese tipo de chantaje emocional cuando deciden poner límites, y aquellos que se enfrentan con este nuevo proceder empiezan a expresar: "No es para tanto, eres muy exagerado, te lo tomaste personal, te lo tomaste mal...", esa es una conducta y modo de pensar que pone en duda lo que al interior sabes y tienes claro, además de generar culpa.

Supongamos que tu mamá es bastante complaciente y en una fiesta se ofrece a cocinarles a todos los que están allí, y ya las personas saben que ella es quien cocina y siempre es la *host* de los eventos. Cuando llegan a la fiesta se sienten en la libertad de criticar la comida, de hablarle mal a ella, de quedarse hasta tarde, es decir, no hay límites respecto de nada.

Si creciste en ese ambiente, ahora que es tu turno, es tu responsabilidad decirles a los invitados: "No me siento a gusto con el comentario que me acabas de hacer", "No me siento cómodo con que se hagan las fiestas en mi casa siempre", lo cual es probable que genere en ti un sentimiento de culpabilidad, dado que de alguna manera estás cambiando el patrón familiar y la forma como los demás abordan el tema.

Otro ejemplo pudiera ser que en tu familia existe mucha crítica hacia todo y hablan mal entre ellos, y cuando intentas poner límites tus familiares dicen que eres un exagerado, un maleducado, que estás siendo conflictivo, que la familia es para siempre y todas esas creencias que adoptas para ti, y cuando te corresponde sentar límites no puedes, pues te sientes mal y culpable.

Para ello es necesario que puedas analizar qué has aprendido en tu casa, cómo es la estructura de límites, si te permiten tener tu espacio, tu propia voz, si te permitieron expresar con libertad lo que sentías y lo que pensabas, si se respetó lo que alguna vez sugeriste, si respetaron la molestia que expresaste frente a ciertas situaciones. Si la respuesta es no, es muy probable que en tu adultez establecer límites te genere problemas, entre esos el sentimiento de culpa, puesto que no sabrás cuál es la línea que los demás no deben cruzar contigo.

Quisiera recalcar que a veces el miedo a decepcionar y no ser recibido juega un papel muy importante en la ausencia de límites, ya que nadie quiere quedar como el malo de la historia, a nadie le gusta ese personaje ni asumir ese rol. Sin embargo, existen maneras de establecer límites de forma empática, asertiva y diplomática, y en la medida en que te convenzas de que es para tu bienestar te darás cuenta de que la opinión de los otros no es tan importante. Claro está, este es un ejercicio progresivo que no surge de un día para otro.

La falta de límites se traslada a las demás áreas, es algo que complica el resto de tus vínculos, y por ese lado es muy importante identificarlo. Aparte del miedo a decepcionar, otra de las causas que te impide establecer límites es la culpa que surge cuando piensas que le estás negando algo importante a una persona cuando le dices que no.

Cada vez que estás en una situación como esa tienes que pensar cuál es el beneficio al aceptar a quienes estás ayudando y si es algo que realmente te hace sentir bien. Si no te sientes bien contigo mismo aceptando hacer lo que vas a hacer, las preguntas son: ¿a quién estás ayudando?, ¿a quién estás beneficiando?, ¿cuál es el sentido de ayudar a alguien para decepcionarte o no sentirte bien contigo mismo con la decisión que acabas de tomar?

Muchas veces cedemos frente a situaciones que nos hacen sentir mal y que creemos que son en beneficio de la otra persona, cuando al final pueden perjudicarnos. Y, además, ayudar a otros en todo momento, sin ningún tipo de discriminación, no te hace más buena gente.

Para aquellos que trabajan con *coaching* o que son psicoterapeutas es muy importante explorar el tema de la culpabilidad, porque la culpa puede ser un bloqueo fundamental para que alguien establezca límites, y por tal razón es de gran ayuda que les puedan explicar a sus consultantes por qué es tan necesario sentar límites y cómo las cosas pueden cambiar de forma sustancial una vez que aprenden a hacerlo.

EL COSTO DEL SACRIFICIO

El sacrificio es un acto muy idealizado con unas bases religiosas y culturales transmitidas de generación en generación. Por ende, es natural o común que muchas personas lleguen a pensar que sacrificarse por los otros es sinónimo de ayudarlos, o que sientan el imperativo de sacrificarse por los demás para ser buenas personas.

En Estados Unidos es muy común que las personas laboren en todo tipo de trabajos: limpieza, restaurantes, construcción y cualquier labor que genere o amerite un gran esfuerzo físico. Incluso, si te detienes a pensar, muchos familiares desconocen todo lo que tiene que pasar alguien que se encuentra aquí para enviarles dinero.

He notado en varios de mis consultantes que cuando les envían el dinero a sus familiares o conocidos, estos no hacen buen uso de él y no siempre es lo que se espera. Entonces, es muy común ver a alguien que, por ejemplo, trabaja doce horas al día, que descansa muy poco y, cuando llega el viernes, su primo, su tío o su mamá empiezan a pedirle dinero, y si la persona no se los envía presionan de formas sutiles con discursos como: "Bueno, por aquí no estamos muy bien. Nosotros vimos que fuiste a una fiesta, vimos que te compraste ropa nueva".

Esa es una de las tantas formas que, aparte de involucrar la noción de sacrificio, el sentimiento de culpa no permite que esa persona pueda dejar claro el límite y expresar: "Les envío este dinero para que lo usen en cosas necesarias; no puedo enviarles más puesto que tengo que asegurar mi bienestar aquí". Parte de aprender a estructurar límites involucra que puedas reconocer tus propias necesidades y evites vivir en sacrificio, y honestamente no conozco a nadie que viviendo del sacrificio pueda vivir feliz.

Recuerda que no estamos hablando de egoísmo; cuando hay egoísmo también existe un chantaje emocional, y en este caso no tienes que perjudicar a los demás cuando estableces tus límites. Muchos me preguntan cuál es la línea entre el egoísmo y el amor propio, ya que conciben el amor propio como un acto egoísta. Sin embargo, el amor propio es que puedas reconocer tus necesidades y decir "no" en el momento en que no te sientas bien y así evitar el resentimiento con el otro.

Cuando dices sí, pero quieres decir no, se crea un resentimiento que se queda contigo, el cual puede que no expreses en el primer momento o que se quede guardado durante años; no obstante, el sentimiento de angustia queda allí. Esa sensación de que estás haciendo algo con lo que no te sientes bien y que de alguna forma te hace crearte una expectativa de que los demás harán lo mismo por ti, aunque no lo elabores a nivel verbal, queda en tu mente. Pese a que te parezca extraño, los demás no tienen que dar ni están obligados a dar lo mismo que tú, pues están viviendo para ellos mismos y, en caso de dar, ofrecerán lo que pueden.

Estás acumulando un resentimiento que no deberías acumular, pues si hubieses establecido tus límites claros desde un principio estarías en paz con lo que entregas y con lo que tienes, en cambio, estás haciendo responsable a alguien más que no tiene los mismos objetivos que tú y no está dispuesto a retribuir lo que le has dado.

Desde mi punto de vista, es más egoísta una persona que entrega todo, quiere que le respondan de igual modo y que los otros sacrifiquen su bienestar para darle lo que necesita o requiere. De manera que debes ser muy cuidadoso con el concepto que tienes del sacrificio y preguntarte qué estás sacrificando al decir "sí" cuando quieres decir "no" y qué les estás dando a las demás personas de ti.

LO QUE ESTÁS DISPUESTO O NO A PERMITIR

Establecer límites no es algo sencillo. En primer lugar, debes estar consciente de que te cuesta hacerlo, porque si no aprendiste en tu infancia has tenido un modelo y un patrón durante toda tu vida, y deshacerte de ciertos patrones a veces es muy difícil, mas no imposible.

Ahora, hemos llegado a un punto muy importante que consiste en que aprendas a establecer límites contigo mismo y respetes tu palabra. Ponerles límites a los demás está muy bien, pero ¿qué hay de los límites que tienes contigo mismo?, ¿qué estás dispuesto a tolerar y qué no?, ¿cuáles cosas para ti son negociables y cuáles no? Si no sabes cuáles son tus límites, tampoco tienes claro con quién quieres estructurarlos y por qué. De manera que los primeros límites que tienes que establecer son hacia ti mismo.

Por ejemplo, tienes una idea de empezar con una buena alimentación, gracias a que para ti es sano y te hace sentir bien, pero empiezas a ceder el límite y no cumples con la alimentación saludable; ahí estás violando tus límites. Si estás en una relación con alguien que parece no esforzarse, ¿dónde están tus límites?, ¿qué es lo que estás permitiendo? Si tienes unos familiares tóxicos que cada vez que ves te hacen sentir mal, ¿cuáles son tus límites?

Los límites a veces no son para las demás personas, sino para nosotros mismos, pues también los necesitamos. Si tienes claro que en un trabajo no te sientes bien, hay mucha discriminación y humillación, pregúntate qué estás haciendo para salir de ahí, pues es fundamental que sepas qué es lo que estás dispuesto o no a permitir.

Hay un ejercicio que te puede ayudar a identificar la forma de establecer límites, el cual consiste en hacer dos listas en todos los ámbitos: laboral, profesional, familiar, sentimental, entre otros, y en una de ellas debes escribir eso que no quieres seguir permitiendo. Luego elabora otra lista de cuáles son tus no negociables, separándolos en cada ámbito, y especifica aquellas cosas que no estás dispuesto a tolerar, porque no te sientes bien permitiéndolo.

No puedes imponer límites si ni siquiera sabes lo que te molesta, y por eso es necesario que identifiques qué está pasando en tu vida, puesto que muchas veces tratas de ejercer el control en el otro y controlar lo que te está mostrando. Por ejemplo, si alguien es muy grosero contigo e intentas todos los días hablar con esa persona sin notar un cambio, pregúntate dónde está tu límite y qué es lo que estás permitiendo en esas circunstancias.

Verlo desde esa lógica te permitirá mejorar, de lo contrario no vas a notar ningún cambio en tus relaciones y en tus heridas. Alguien que tiene una herida de abandono se va a exponer a que el abandono siga ocurriendo si no sabe establecer límites, ya que se abandonará a sí mismo sin límites en ese aspecto tampoco.

Establecer límites y comunicarse de forma asertiva resulta muy difícil. De hecho, creo que es una de las tareas más complicadas para alguien que tiene heridas activadas. Más allá de sanar heridas, o, mejor aún, aunado al proceso de sanación, es indispensable aprender a sentar límites, por ser un proceso útil para la supervivencia. Cuando no sabes poner límites no puedes cuidar de ti, y nadie más podrá hacerlo, aunque su pretensión o su creencia sea que sí lo está haciendo.

De ahí que sea muy importante aprender a decir "no". Puedes decir "no" porque no tienes deseos de explicar, y no estás obligado a explicar nada. Cada vez que explicas demasiado es probable que estés tratando de justificarte. Si para ti es un "no" producto de que no te sientes bien, no debes dar ninguna explicación al respecto, ya que decir "no" indica que existe una razón para no hacerlo.

Cuando sientes la necesidad de explicar o comunicarlo de forma asertiva, que también es una posibilidad, debes tener en cuenta que la mayoría de las personas no se benefician de tus límites. En especial, aquellos que más se enojan por tus límites son los que menos se benefician de ellos, son a los que menos les conviene. Y aunque no todos tengan motivos egoístas, la mayoría tiene motivos individualistas que responden a sus necesidades, así que cuando dices "sí" queriendo decir "no" estás cubriendo las necesidades del otro, dejando las tuyas por fuera.

Se puede decir "no" de muchas maneras. Aquí te presento algunas de ellas: "Muchas gracias, en este momento no se me facilita", "Me encantaría, pero no es algo que esté a mi alcance", "No me siento cómodo tomando esta decisión, así que es un 'no' de mi parte. Muchas gracias", "No deseo hacerlo, pues no me hace sentir bien", "Necesito tomar la decisión en otro momento, pero por ahora no", "Muchas gracias por pensar en mí, sin embargo, en esta ocasión no me conviene", "Me halaga que pienses en mí, aunque no puedo aceptar esto", "Entiendo lo que esto conlleva, muchas gracias por explicarme, aun así, la respuesta todavía es un no".

En primer lugar, quien se tiene que convencer de que decir "no" le va a traer paz y tranquilidad eres tú.

A veces también puede suceder que cuando queremos ser considerados con el otro ubicamos lo que estamos diciendo en un contexto muy negativo y nos vamos al peor escenario posible: "Es que si le digo que no puedo ir a esa fiesta porque salí del trabajo a las dos de la madrugada y no he descansado bien, se sentirá muy mal", a pesar de que yendo estarás cansado. Pensamos que le estamos haciendo un gran daño a la persona y estamos magnificando realmente nuestras transacciones al decir que no, cuando resulta que el otro quizá no lo ve de esa forma, sino de un modo más empático.

Una de las consecuencias de no establecer límites es que las relaciones son superficiales y están basadas en una serie de situaciones que lo único que hacen es generarle malestar al que las permite. Una persona que siempre le dice que sí a todo es muy probable que la mayoría del tiempo esté en guerra consigo misma y, aunque solo lo esté haciendo para complacer a los otros, la realidad es que no desea hacer absolutamente nada de lo que está haciendo, por ende, o está acumulando resentimiento o está viviendo desde el sacrificio.

Para que las relaciones sean buenas y duraderas deben ser genuinas, sinceras y auténticas, y ser auténtico implica tener la confianza suficiente para decirle al otro: "No me siento bien haciendo esto", "No voy a poder ir, puedo hacerlo en otro momento", "¿Te importaría si lo hacemos diferente?". Se trata de que crees vínculos reales y duraderos que te permitan tener amistades más sinceras y conexiones significativas que te van a desilusionar menos a lo largo de tu vida.

LOS QUE SE VAN Y LOS QUE SE QUEDAN

Me gustaría invitarte a que cuando empieces a establecer límites observes quiénes persisten alrededor de ti y aceptan el hecho de que seas auténtico y mantengas tus propios límites, dado que estas son personas con las que vas a poder crear un vínculo afectivo seguro. Pero si solo vives de complacer a los demás, estás siendo superficial y, como tal, vas a estar alrededor de gente que no tiene el menor interés por tu bienestar, sino por lo que les provees y facilitas al ceder tus límites. Cuando las personas se relacionan contigo únicamente por lo que necesitan, ese círculo contribuye a tu malestar.

Me gustaría que comenzaras a relacionarte con personas que sientan empatía por ti; quien tenga la capacidad de ponerse en tus zapatos para entender tu malestar es alguien valioso que puedes tener a tu alrededor.

Sin embargo, para atraer a este tipo de personas es necesario que comiences a relacionarte de una forma más sincera y efectiva para que veas qué personas se van a quedar alrededor de ti. A partir de ahí te vas a dar cuenta de que tus relaciones van a cambiar de manera significativa, puesto que te vas a sentir aceptado, querido, respetado, considerado y en un espacio seguro que no has experimentado antes.

Otro punto que debes tener claro es que tus límites no son para que las personas los acepten, para complacer a los demás ni para que otros los aprueben y se sientan contentos con ellos. Los límites no son para las otras personas, sino que están marcando lo que tú no quieres y deseas en tu vida. No depende del otro aprobarlos o no, más bien son como una reja que protege tu integridad. No vas a ir por la vida moviendo la reja del vecino si no te gustó el límite que acaba de poner, pues es la propiedad de él y cada quien decide dónde levantar su cerca y cuándo; de forma análoga sucede con las personas.

A quienes no les gustan los límites que estás poniendo es porque no se benefician, y la reacción de otros frente a tus límites no es algo que te competa. En ese sentido, no tienes que buscar que esas personas estén de acuerdo y tampoco tienes que hacer nada al respecto para que se sientan satisfechas frente a los límites que acabas de sentar.

Claro, sé que decirlo es fácil y ponerlo en práctica es mucho más difícil; sin embargo, es necesario que puedas observar a quién tienes alrededor y analices la razón por la que necesitas estructurar límites con ellos para que te des cuenta de que una persona que no se siente cómoda con tus límites es alguien que no te conviene.

También es importante entender que los límites no son negociables y no son para complacer a los demás, ya que en la mayoría de los casos no se sentirán bien con los mismos. Por otro lado, aquellos que quieren o procuran tu bienestar no van a cuestionar tus límites; ellos entienden que los has establecido por tu bien.

A quien le importen tus límites, en vez de cuestionarlos y criticarte responderá de la siguiente manera: "Si estás cansado y te sientes mal, dime qué puedo hacer por ti. Si no quieres ir a la fiesta te puedo mandar algo de comer o, si deseas, puedo pasar más tarde para ver cómo te sientes"; "Si no deseas hacer ese viaje porque estás ahorrando para algo diferente, puedo comprenderlo, ¿crees que podemos encontrar otra manera de disfrutar y pasar el tiempo juntos?"; "Veo que no te sientes cómodo con la forma como estoy asumiendo esta situación. Lo siento mucho y sé que te estoy causando dolor. Creo que por la sana convivencia de ambos debería tratar este problema"; "Tienes razón, siempre eres la que cocina en todas las fiestas. Para la próxima vez podemos hacer algo diferente para que no tengas que trabajar de más, pues también mereces disfrutar".

Como te podrás dar cuenta, se escucha diferente cuando le estableces límites a una persona a la que le importas, y si está interesada en ti de forma genuina tratará de contribuir con tu bienestar sin caer en un comportamiento egoísta.

Una vez que logres establecer límites y los demás los respeten, sabrás que te quieren de forma genuina. Si te obstinas en seguir en relaciones con gente que no respeta tus límites, no solo estás profundizando tus heridas, sino que te estás lastimando hasta el triple, pues empeñarte en continuar el vínculo con alguien que no tiene consideración contigo solo hará que te sientas más insignificante y desvalorizado.

EMPIEZA POR LAS PEQUEÑAS ACCIONES

En el capítulo anterior hablamos de los apegos. La idea de establecer límites es que mejores la forma como te relacionas con los demás. Si tu objetivo es conseguir un apego seguro y no un apego ansioso, entonces debes aprender a estructurar límites o de lo contrario continuarás afianzando tu apego con dependencia emocional, con más depresión y ansiedad.

Te preguntarás cómo empezar a establecer límites. Puedes empezar a través de acciones mínimas que con el paso del tiempo se harán más grandes, porque el cambio es progresivo. Además de que te estarás asegurando de darte una voz que de pronto no tuviste en la infancia y que ahora sí tienes la oportunidad de hacer escuchar.

También estás asegurándote de que las personas que están alrededor de ti se vinculen contigo de una forma segura, genuina y auténtica, donde te sientas aceptado y querido. A partir de ahí tu autoestima mejorará, tus heridas sanarán y las cosas a tu alrededor y en ti mismo empezarán a cambiar. Sanar las heridas involucra un trabajo importante. No hay un protocolo específico para sanar, sino a través de acciones que vas tomando y que están enlazadas con lo demás.

Claro que puede haber situaciones en las que, por ejemplo, dependes de alguien más para conservar tu trabajo, como tu jefe. Aun así, también te estás negando a la posibilidad de explorar otras opciones. Nosotros somos seres abundantes. Si te estás dando cuenta de que tu jefe está cruzando los límites de la grosería, del maltrato, del abuso, estás cruzando tus propios límites y debes preguntarte qué estás haciendo para tu bienestar y para evitar esa situación: si es algo transitorio, si estás buscando otra opción o si te vas a quedar en ese lugar.

Pienso que lo que se permite se repite siempre, en todas las situaciones. Si le permites el abuso a alguien que está por encima de ti en tu trabajo, es una situación que se seguirá repitiendo, y la pregunta es: ¿hasta cuándo es eso sostenible?

No hay nada que no puedas decir, lo que importa es cómo lo dices. Yo puedo decir "no" de una forma elegante que no moleste a nadie, y si lo hace es porque tiene motivos mayores para hacerlo y que quizás no tienen que ver con mis límites, sino con un asunto personal. Es muy distinto decir: "Por encima de mí no vas a pasar, ya dije que no y no me da la gana", a decir: "No puedo aceptar lo que me propones, debido a que me hace cómplice de algo con lo que no estoy de acuerdo. Te propongo que lo hagamos de otra forma". O a diferencia de: "Estás loco, ¿cómo se te ocurre eso?", puedes decir: "Lo que me estás proponiendo se me escapa de las manos y no puedo hacer eso por ti. Sin embargo, te puedo ayudar en esto otro…".

NO HAY NADA QUE NO PUEDAS DECIR,
LO QUE IMPORTA ES CÓMO LO DICES.

Si te fijas, notarás que hay maneras de hablar con asertividad que, por supuesto, requieren práctica y no nacen de un día para otro. No obstante, quiero que tengas la seguridad de que sí hay formas de decir las cosas con asertividad para que salgas airoso de la situación.

Para finalizar y ejemplificar un poco el proceso del establecimiento de límites, te voy a hablar de un hombre que tenía una relación abusiva con sus hijos, quienes se sentían dueños de las propiedades de este señor y en cuanto a asuntos financieros no había límites. Como él era el proveedor, establecerles límites a los hijos creó mucho conflicto y a raíz de esto decían que era malo y que no los quería. Aun así, esos límites se fueron fortaleciendo en virtud de la seguridad que él tenía como padre respecto a lo que les estaba ofreciendo más allá de lo económico, en cuanto a cariño, afecto, presencia, compañía, y de esa forma empezó a apoderarse de lo que él entregaba.

Así, poner límites, cuando se trataba de un abuso, empezó a ser menos difícil, gracias a que él aceptó que les daba a sus hijos mucho más que dinero y tuvo un autorreconocimiento de lo que les estaba dando. A partir de ese reconocimiento la relación cambió de forma sustancial y se transformó en una relación de respeto. Quienes no estuvieron de acuerdo pasaron por su proceso personal y cuando estuvieron listos para soltar empezaron a ver al papá como una figura de respeto, y él empezó a sentirse mucho mejor con la relación que tenía con los hijos, la cual sentía abusiva y superficial, en tanto que pensaba que no lo querían más que por el dinero. Ahora puede ver a sus hijos desde una relación más pura y bonita en la que puede compartir con ellos sin que necesariamente se hable de dinero.

Un segundo caso es el de una mujer que durante muchos años estuvo casada con un hombre que no solo era alcohólico, sino también mujeriego y bastante despectivo con ella; nunca estaba dispuesto para las conversaciones y no tenía comunicación asertiva ni de otro tipo. Ella decidió poner límites, y cuando lo hizo la relación se acabó. Después de eso transitó el proceso de duelo, sintió malestar y culpabilidad; no obstante, con el tiempo empezó a entender que ponerle límites a esa persona era un asunto de supervivencia y amor propio, donde ella tenía que elegirse para no abandonarse por completo. Había vivido la vida para complacer a su pareja y se había olvidado de sí misma. Cuando empezó a poner límites se dio cuenta de que él nunca hizo parte en la relación y que la sostenía ella sola.

Marcar límites te abre los ojos, solo que es algo que no puedes ver en el momento. Incluso, en un primer instante te puede dar la impresión de que eres una mala persona y que estás alejando a los demás, sin embargo, estructurar límites es en realidad poner las cosas en su sitio, debido a que le estás dando orden a todo, y al ponerte como prioridad ya no tienes que sentir la necesidad de que otros acudan a llenar tus necesidades.

Sentar límites es algo que tienes que hacer recordando siempre que no depende de las otras personas que los quieran aceptar. Hay formas asertivas de marcar límites que no son implacables, groseras o altaneras, y que no crean más conflicto. De lo que sí tienes que ser consciente es de que la reacción de las personas cuando estableces límites es de ellas y no tuya.

Recuerdo que en una oportunidad tuve a una consultante que se cansó de enviarle dinero a su hermano para que viviera una vida que no le concernía. En el proceso aceptó que sentar ese límite no solo era por bienestar y que se lo debía a sí misma, pues el dinero ya no le alcanzaba y estaba descuidada en todos los niveles, sino que también lo empezó a ver como un proceso en el que estaba ayudándolo a él, es decir, al ponerle límites lo invitaba a vivir su vida.

Este relato nos dice que los límites que muchas veces no estructuramos también afectan a otros, y que podemos lastimarlos, e incluso invalidarlos con lo que permitimos, y no solo con lo que no permitimos.

DINÁMICA DE HOY: APRENDIENDO A ESTRUCTURAR MIS LÍMITES

Ahora, te invito a responder las siguientes preguntas que te ayudarán a identificar las áreas en las que presentas dificultades para poner límites y a encontrar formas asertivas de empezar a estructurarlos.

Áreas en las que me cuesta establecer límites:

- Intrapersonal: ____
  ____
  ____
- Laboral: ____
  ____
  ____
- Académica: ____
  ____
  ____
- Sentimental o de pareja: ______________________________
  ____
  ____
- Familiar: ____
  ____
  ____
- Relaciones interpersonales y amistades: ______________
  ____
  ____

- ¿Por qué me cuesta establecer límites en esas áreas?
____
____

- ¿Mediante qué acciones mínimas puedo ir estableciendo límites? __________________________
____
____

- ¿De qué forma puedo ser asertivo a la hora de establecer límites?, ¿qué frases puedo emplear? ______________
____
____

CAPÍTULO VI

DECONSTRUIRSE PARA RECONSTRUIRSE

NO TE ETIQUETES

Muchas veces en consulta a las personas les inquieta saber si tienen algún diagnóstico, lo cual nos sirve como herramienta a los que somos psicólogos para entender el problema y poderlo tratar, ya que la idea es que podamos no solo abordar los síntomas, sino que ayudemos al consultante a comprender que su dolencia puede ser una enfermedad que tiene que ver con su genética o con un desbalance químico en el cerebro.

Sin embargo, debes saber que el diagnóstico te sirve para acercarte a la solución de tu problema, mas no para etiquetarte. Hay personas que llegan a consulta cargando consigo una serie de calificativos: "Eres un maniático, un obsesivo, nadie te va a querer así", y cualquier cantidad de títulos y etiquetas que no tienen validez, porque, aunque sea cierto que sufren o padecen de algún problema, también es verdad que con determinado tratamiento pueden mejorar y con el paso del tiempo no necesariamente tienen que presentar síntomas.

DEBES SABER QUE EL DIAGNÓSTICO TE SIRVE PARA ACERCARTE A LA SOLUCIÓN DE TU PROBLEMA, MAS NO PARA ETIQUETARTE.

Me gustaría que tengas presente que el diagnóstico no es un sello y no es un tatuaje que te tiene que marcar de por vida, sino que se puede transformar con la ayuda y la dirección adecuadas. A pesar de que existe la creencia de que los psicólogos son expertos en tratar todo tipo de dolencias, lo cual no es cierto, pues acudir a uno es como ir a un médico general que te puede referir con un especialista que posee las herramientas para ayudarte.

EL DIAGNÓSTICO NO ES UN SELLO Y NO ES UN TATUAJE QUE TE TIENE QUE MARCAR DE POR VIDA, SINO QUE SE PUEDE TRANSFORMAR CON LA AYUDA Y LA DIRECCIÓN ADECUADAS.

Al no ser el diagnóstico un sello, no debes permitir comentarios ofensivos por parte de quienes conozcan tu proceso. Como tampoco es adecuado que, en caso de recibir tu diagnóstico, lo uses como una condena para permanecer en el rol de víctima de la situación: "Yo soy así porque sufro de depresión, de ansiedad generalizada… me diagnosticaron un trastorno de personalidad". En ese sentido, no solo no vas a mejorar tus síntomas, sino que además tu diagnóstico te va a determinar. Lo mismo sucederá en caso de que no tengas un diagnóstico oficial, pero piensas con frecuencia en tus heridas de infancia, alegando, por ejemplo, que tu mamá era muy dura contigo y por esa razón siempre has sido de una u otra manera.

Esto quiere decir que cuando aceptas que tienes un problema y no haces nada para resolverlo estás permitiendo que ese diagnóstico y las experiencias del pasado te definan. Es ahí donde quiero hacer mucho énfasis: la posición de desesperanza o de rendirse y dejar que las cosas pasen no va a solucionar nada; al contrario, empeorará todo a futuro, lo que causará a que tus relaciones sean un fracaso.

Puesto que también he hecho referencia al ámbito de pareja a lo largo del libro, si identificaste que tu pareja tiene un problema de alcoholismo, de heridas de infancia o algún tipo de trastorno, no es tu responsabilidad arreglar a tu pareja; no es tu trabajo solucionarlo en su lugar ni convertirte en su terapeuta, que es algo que la mayoría suele hacer.

Una gran cantidad de consultantes me dice a menudo: "Mi pareja sufrió mucho abuso por parte de sus padres, por eso creo que es como es y tengo que entenderla". Déjame decirte que esa no es excusa para que una persona te maltrate o te haga padecer sus traumas.

Después de haber leído este libro, si es tu caso, puedes crear un plan, sentarte a hablar con tu pareja y empezar a crear conciencia en conjunto. No obstante, quedarte en una relación solo por empatía con esa persona no es sostenible, no es tu trabajo, ya que en el proceso de permanecer con alguien por empatía, estás abandonándote nuevamente y repitiendo todo el patrón.

Una vez que identifiques tus heridas y las comprendas, aunado a la comprensión de cómo se relaciona tu pareja contigo desde su herida de ausencia o desde sus carencias, el fin es que puedan crear una conciencia para animarse a trabajar en sí mismos. La idea es que puedas tomar una posición más activa en tu proceso y en tus relaciones.

Todo lo que he mencionado en el libro es una introducción y un punto de partida para un tratamiento que vas a realizar, el cual te servirá de guía para que te encamines hacia donde tienes que ir para iniciar ese proceso de tomar conciencia o identificar en qué punto te encuentras en la actualidad. De ahí en adelante, te corresponde continuar con el trabajo.

Así que, más allá de solucionar tus problemas, este libro ha sido pensado para que puedas tomar conciencia, evites etiquetarte y quedarte estancado en el discurso de "así soy yo", lo cual te motivará a que puedas conocer nuevas personas y a relacionarte de forma diferente con los demás, tanto a nivel familiar, interpersonal, social y laboral.

La toma de conciencia te conducirá a darte cuenta de que los otros no siempre te hieren de forma intencional, sino que están actuando desde su herida de rechazo, de ausencia, de abandono y desde sus carencias. Es decir, no es una situación que tiene que ver directamente contigo. Y quiero recalcar que cuando tenemos una herida de rechazo nos tomamos todo de forma muy personal, lo cual nos impide el avance. Así que, como no te vas a etiquetar, el punto es que tampoco etiquetes a los demás, a fin de que los puedas comprender desde una visión mucho más amplia.

Entender te va a ayudar a no quedarte atrapado en el: "Me hizo esto, se portó así conmigo", sino que vas a aprender a evaluar las situaciones desde una perspectiva más madura, con más conciencia y conocimiento. A su vez, el conocerte te libera de este tipo de contextos, y cuando una persona te rechace o decida no establecer ningún contacto contigo, podrás establecer los límites que sabes que te hacen falta.

ERES LIBRE DE SER QUIEN QUIERAS

Suelo atender casos de personas que tienen una cantidad de heridas, traumas e historias muy desagradables y tristes de abuso y violencia. Asimismo, he podido presenciar a lo largo del proceso cómo han decidido dejar atrás muchas etiquetas que venían arrastrando del pasado. Etiquetas que los definen como personas impulsivas, anormales, amargadas, celosas, tóxicas y muchas más. Hoy te insto a que no permitas que ninguna de esas etiquetas con las que se han referido a ti o con las que tú mismo te identificas sea un obstáculo para quien deseas ser.

Lo importante es que te sientes, converses contigo mismo y decidas en qué tipo de persona te quieres transformar. Si tienes hijos, qué legado les vas a dejar y cómo quieres que te vean. En ti está que no se tenga que repetir la historia, que al final es lo que muchos deseamos.

No te concentres tanto en darles a tus hijos lo que no tuviste en un sentido material, y más bien hazlo a nivel emocional, dado que nosotros también podemos sanar a nuestro niño interior cuando nos convertimos en nuestros padres, para nosotros y para nuestros hijos. Si, por ejemplo, cuando era niña mi mamá invalidaba mis emociones, diciéndome: "Deja de llorar por eso", mi labor hoy en día es darle esa voz que no tuve a mi hija o hijo, así como escucharlos cuando estén tristes o estar presente en momentos importantes, en lugar de sumergirme en el trabajo.

En ese sentido, puedes convertirte en ese buen padre o en esa buena madre, en ese buen amigo, buen hermano, y más que nada transformarte en esa persona que a nivel interno tanto quieres ser, esa persona que estructura límites, que sabe lo que quiere, que no recurre al victimismo o al drama para conseguir lo que necesita, sino que aprende a manejarse de una forma mucho más madura.

Si yo tengo un diagnóstico de depresión crónica, tengo que decidir qué clase de persona quiero ser y cómo quiero comportarme. Si sé que la depresión para mí es algo que a veces no puedo controlar, mi trabajo es definir qué voy a hacer con esa enfermedad y cómo la quiero vivir: si quiero que esa enfermedad viva por mí, si decido pasar mis días triste, "porque es lo que me toca", o si quiero adquirir un dominio de mi realidad.

Ahora que has adquirido un mejor entendimiento, tienes la oportunidad de mejorar la forma como te relacionas contigo mismo para no pelearte con tus síntomas y con la situación, y encontrar soluciones, en la medida de lo posible. No estoy diciendo que siempre vas a tener un control total y absoluto de tus síntomas, de tu emoción o de las heridas de tu infancia, pues sanarlas es difícil. Lo que te corresponde trabajar es el perdón con aquello que sucedió, sin olvidar que habrá momentos en los que tu inseguridad te va a ganar, te vas a sentir solo, desamparado o te afectará terminar una relación, en tanto que es parte de la vida; el punto está en que no permitas que esos momentos se adueñen de ti hasta llegar a imposibilitarte.

Hoy puedes reconocer que tienes ciertas limitaciones o condiciones. Ahora, ¿cuál es tu trabajo? Si no quieres que ellas decidan por ti, tienes que preguntarte qué vas a hacer con tu condición, pues una cosa es sufrir de una condición y, por el otro lado, permitir que la misma te limite en todos los aspectos de tu vida.

Si bien es cierto que hay un componente biológico que no está a tu alcance modificar, existen muchas estrategias e intervenciones que puedes emplear para hacer tu vida mucho más llevadera. Es parecido a cuando alguien tiene un accidente y queda inválido. Le corresponde definir si va a vivir en modo de tristeza total o se pregunta qué puede hacer desde su silla de ruedas, si se ajusta al mundo para perder todo lo que tiene a su alrededor, su trabajo, sus relaciones, si va a tratar de crear un mundo a través de eso o va a permitir que su silla de ruedas lo limite.

En ese sentido, tienes que decidir si te quieres ajustar a tu condición o si quieres que el mundo se ajuste a ella, pues, ya ves que el mundo sigue y es poco probable que eso suceda, y aunque suene cruel, el mundo continúa y los demás no se van a ajustar a ti porque sufras de ansiedad o depresión. En algunos ambientes quizás vas a encontrar personas empáticas, sin embargo, el mundo no se va detener por tu condición.

La realidad es que nadie puede sentirlo más fuerte que tú, que eres quien lo padece. Los demás solo pueden imaginar lo difícil que ha de ser, pero no lograrán comprender tus esfuerzos para mantenerte estable.

Por la misma razón, los que están alrededor de ti, a pesar de quererte mucho, tampoco tienen que lidiar con las consecuencias de ello de forma permanente, si no estás haciendo algo al respecto. Entonces, tienes que asumir una posición mucho más madura frente al tema y entender que eres tú quien se tiene que ajustar a tu situación y quien tiene que buscar solución a lo que le está pasando. No puedes pretender que el mundo se ajuste a ti y que te ofrezca un trato preferencial por el hecho de que tienes algún tipo de diagnóstico.

Hoy en día hay una cantidad de intervenciones que te pueden ayudar con la depresión, el TOC y la ansiedad generalizada, tales como la terapia cognitivo conductual, o el *mindfulness*, que incluso tiene validez científica gracias a que te ayuda permanecer en el presente y hacer una sola cosa a la vez. También te ayuda a aprender a meditar, lo cual requiere que te acuestes, cierres los ojos unos minutos y te permitas relajarte. Por supuesto que toma práctica y no es algo que aprendes de un día para otro; aun así, con el tiempo lo puedes lograr.

Si asumes una posición muy pasiva frente a lo que te está sucediendo, no vas a poder ver la infinidad de posibilidades para los problemas que tienes. Incluso, más allá del medicamento, pues entiendo que hay quienes son muy reacios a tomarlo, hay alternativas como la terapia cognitiva conductual, la cual tiene validez científica respecto a todo tipo de ansiedad: ansiedad social, ansiedad generalizada, así como al TOC y la depresión.

Por otro lado, existen las terapias holísticas, sobre ellas puedo decir que he sido testigo de que la terapia holística en conjunto con la terapia psicológica tiene un efecto impresionante que no había visto en otros entornos clínicos como hospitales, ni siquiera en la prisión.

Hoy en día tenemos muchas intervenciones que sirven para tratar ese tipo de problemas, aunque lastimosamente muchos las desconocen. No en todos los casos tienes que recurrir a medicamentos, pese a que haya algunos muy severos que sí lo ameritan, siempre podrás evaluar otras opciones. Por lo general, lo que he visto es que las personas que se atreven a explorar todo tipo de posibilidad para tratar su problema, en el momento en que tienen que tratar con medicamentos ya no tienen tantas creencias acerca de los mismos.

Además, hace algunos años los medicamentos causaban demasiados efectos secundarios, mientras que hoy en día han elaborado muchos tratamientos que están formulados de manera distinta, con otro compuesto químico y que igual producen efectos positivos. Lo que sucede hoy es que hay poca actualización de este tema, lo cual nos impide muchas veces que hallemos mejores soluciones.

CUERPO, MENTE Y ESPÍRITU

El mejor tratamiento para una condición como la dependencia emocional, las heridas de infancia, los problemas de apego, la depresión o la ansiedad, es abordarlo de una forma global. Esto significa que debes tener en cuenta que, como ser humano, tienes tres cuerpos: un cuerpo físico, un cuerpo mental y uno espiritual.

Los estudios han mostrado que las personas que tienen algún tipo de creencia, independientemente de la religión, tienen mayores recursos que aquellos que no creen en nada. Y por mi cuenta, he notado en sesión que cuando un paciente tiene una creencia espiritual ve más posibilidades que alguien que no tiene ningún tipo de fe, lo cual también es respetable, puesto que cada quien puede creer en lo que quiera. Si tienes alguna manifestación de fe hacia algo: el sol, la energía, el universo o Dios son la oportunidad para que explores también esa área; lo que importa es que puedas utilizar ese espacio espiritual para sanarte. Esta práctica te hará más resiliente, ya que una persona se siente más fuerte y acompañada en todo el proceso de sanación cuando tiene un soporte en el cual apoyarse.

Hay muchas causas médicas que también provocan problemas mentales como la ansiedad y la depresión. Y por eso es necesario que puedas abordar y cuidar de tu físico, pues es un acto que representa que te estás haciendo cargo de ti como adulto, lo cual incluye cuidar de tu salud física, hacer ejercicio, alimentarte de forma saludable, realizarte cada cierto tiempo exámenes de sangre, evaluar si tienes alguna deficiencia, anemia o hipertiroidismo. Estos últimos indicadores pueden afectar de forma considerable la ansiedad y la depresión, algo que muchos también desconocen.

Si en este momento yo sufro de sobrepeso, mi salud mental se verá afectada, pues cuerpo y mente están relacionados. Si tengo un problema de depresión, donde la depresión me hace ver todo gris y sin esperanza, y si a eso le sumamos que también padezco otros problemas médicos, imagínate lo que va a pasar en mi estado mental. Por eso a veces cuando buscamos soluciones nos quedamos dando vueltas en el mismo círculo, y ahí es donde muchos dicen: "El psicólogo no me funcionó, estoy condenado".

Cuando descuidas tu salud física te estás comportando como ese niño que necesitaba el cuidado de sus padres. Ya eres un adulto, y cuidarte es un acto responsable y de amor propio que te lleva a hacerte cargo de tus propias necesidades.

Cuando hablamos del sentido espiritual y su influencia sobre lo físico, es muy importante el hecho de aprender intervenciones relacionadas con cómo respirar profundo o cómo meditar, que de hecho hoy en día hay cualquier cantidad de videos en YouTube que te enseñan a calmar tu ansiedad solo con emplear de forma correcta la respiración diafragmática. De la misma forma podemos ver que hay intervenciones en las que respirar y caminar libera endorfinas y acelera los procesos de liberación de dopamina y serotonina; es válido y efectivo, en especial para aquellos que no están muy de acuerdo con los medicamentos.

Por otro lado, hay algo que quizá desconoces, y es que también puedes liberar esos químicos en el cerebro cuando realizas actividades como leer un libro de tu preferencia, ir al cine, comer algo que te guste o realizar alguna actividad que te haga sentir bien. Hay muchas formas de compaginar cuerpo, mente y espíritu.

Respecto al cuerpo mental, es momento de que empieces a disminuir la autoexigencia. A veces nos tratamos como jueces implacables, lo cual no permite que una persona mejore. Te será complicado mejorar, si te mantienes bajo una exigencia desmedida, no te das espacio para cometer errores o no te perdonas por situaciones pasadas. Ten en cuenta que el resentimiento crea problemas a nivel físico y mental y tiene repercusiones impresionantes en el organismo.

PERDONAR, ACEPTAR Y CONTINUAR

Aunque no le veamos a veces el sentido, perdonar es muy necesario y es un proceso que no implica olvidar, como muchos creen. Perdonar consiste en que dejes de permitir una situación que te está o te estaba afectando.

Hay quienes quieren mejorar, pero pretenden seguir en el mismo entorno que les hizo daño, ¿cómo van a mejorar su matrimonio con una persona que es abusiva y que no está dispuesta a cambiar? Es muy difícil, y cuidar de tu salud mental implica que puedas prestarle atención a qué es a lo que vas a renunciar, qué es lo que vas a dejar atrás puesto que no te conviene, no te hace bien y no le sirve de ningún propósito a tu vida.

Cuando se trata de la gestión de emociones no podemos dejarlas a un lado, ya que finalmente a todos nos gusta relacionarnos y tenemos la habilidad de desechar o aceptar lo que creemos que es importante. Crear una lista de lo que es primordial y relevante para ti te ayudará a estar consciente de que tienes que escoger tus batallas.

No puedes andar con el uniforme listo para irte a la guerra con todo el mundo. En ese sentido, si hay cosas que se salen de tu control, porque ya no le aportan nada a tu vida y no hay nada que puedas hacer al respecto, tienes que aprender a soltarlas. Y soltar implica dejar ir cosas que ya no te hacen bien, que más allá de ayudarte a progresar y avanzar en este proceso te detienen y te hacen sentir peor.

Cuando tratas de huir del dolor, lo que no tienes en cuenta es que de todas formas está presente, y ahora lo que tienes que escoger es qué clase de dolor quieres: si quieres ese punzante y fuerte, que sabes que va a terminar en algún momento, o si quieres el dolor prolongado, similar a una especie de agonía que no tiene fin.

Todas las personas tenemos la opción de interpretar cómo queremos ver ese dolor o cuál escoger. La mayoría quiere evitarlo a toda costa, sin embargo, el dolor es un tema de interpretación. Si yo fui despedida de un trabajo en el cual no me dieron la opción de crecer y ascender, tengo que decidir cómo quiero vivir ese dolor, pues al final puede resultar muy transformador. Todos tenemos que aprender a interpretar el dolor de una forma que nos ayude, en lugar de destruirnos.

Si para ti representa mucho sufrimiento dejar a una persona que en tu vida ha ocupado un lugar importante, por más que estar con ella te hace sentir mal todo el tiempo, estás escogiendo un dolor con agonía. Intenta quedarte más años con ella y llegará un momento en el que tendrás cierta edad y te sentirás resentido por no haber tomado otras decisiones. Esto se debe a que desperdiciaste la oportunidad de vivir experiencias más bonitas y placenteras con alguien que te hubiera podido inyectar más vida y felicidad. Además, llegar a una edad y darte cuenta de que has perdido gran parte de tu vida por alguien, también causa dolor.

Todos en la vida podemos escoger qué clase de dolor queremos, gracias a que sí o sí habrá ciertas consecuencias con las decisiones que tomamos y también con las que no, puesto que no tomar una decisión de igual forma es una decisión.

APRENDE A SOLTAR

La gente me pregunta con frecuencia: "¿Cómo hago para perdonar y soltar?". Soltar es un acto consciente, lo cual implica que no soltamos cuando ya no nos duele, sino cuando ya no nos conviene, no nos hace bien o esa situación ya cumplió un ciclo en nuestra vida.

Si se tratara de soltar porque ya dejó de doler, todo el mundo soltaría. Sin embargo, no se trata de eso. Tienes que soltar como acto lógico y racional, pues la decisión que estás tomando la tomarás, aunque no te resulte cómodo. Es como cuando te toca madrugar para presentar un examen y en la mañana solo quieres quedarte durmiendo, pero, a pesar de ello, te levantas, pues tienes una meta que será recompensada después.

Hace pocos días estaba en consulta con una paciente que estaba muy ambivalente entre terminar o no con una relación en la que había mucho abuso psicológico. Como profesional, no le digo a un paciente qué hacer, ya que cada quien elige el proceso y el tipo de aprendizaje al que quiere acceder. Aun así, a ella le dije algo con lo que creo que se quedó: "Cada cosa tiene su lugar y todo cae por su propio peso". Ella me vio fijamente y me dijo: "Creo que no tienes que decir nada más; entendí todo".

Lo que estás permitiendo ahora, llegará un momento en que no lo podrás soportar, y las decisiones que estás tomando hoy algún día te harán sentir orgulloso o decepcionado. Recuerda que seguir aferrándote a situaciones que ya no puedes controlar duele incluso más que soltar.

Te invito a que realices el ejercicio de repetir estas frases: "Mi resistencia a esta situación duele más que el resultado de soltar; voy a descansar a pesar de lo que vaya a suceder; tengo la capacidad de reponerme frente todo aquello que me está pasando".

A veces, ni siquiera tenemos que afanarnos en hacer las cosas, porque estas llegan solas. Ese es el mensaje para ti, que estás leyendo este libro: las decisiones de hoy tendrán su repercusión en el futuro.

El desapego es un principio muy presente en las filosofías y prácticas espirituales, como el budismo y el estoicismo. Ellas nos explican que, en realidad, los vínculos y las relaciones son temporales. Nuestra cultura no está acostumbrada a verlo de esta manera, y adoptar este principio puede resultar muy complicado de asimilar. Sin embargo, te invito a pensar en lo siguiente.

En la vida, todos hemos tenido que realizar transiciones. Algunas muy dolorosas y otras que han resultado ser más fáciles. Por ejemplo, al terminar el colegio, cambiar de escuela, mudarse a otro país, cambiar de amigos, y en general, todos aquellos cambios que han requerido de nuestra flexibilidad para realizarlos. Esto demuestra nuestra capacidad de adaptación y lo mucho que subestimamos esta gran habilidad.

Estamos diseñados para sobrevivir y adaptarnos, y si tomáramos esta misma perspectiva y la aplicáramos a las relaciones, nos daríamos cuenta de que los cambios hacen parte de la vida y que, aunque a veces anticipamos que todo puede salir mal, la verdad es que gran parte del tiempo esos cambios terminan favoreciéndonos de muchas maneras.

En los vínculos, es posible realizar transiciones, lo cual implica dar una lectura diferente al hecho de que vamos a soltar a una persona. Más bien significa que esa persona ha cumplido un propósito en nuestra vida y ahora necesita adoptar un rol diferente al que tiene actualmente. Por ejemplo, hoy en día pienso en mi primer novio, con el que pensé que me casaría y tendría hijos, y pienso en lo mucho que lo quise. Aunque en mi mente guarda un lugar especial, lo he puesto en un organigrama mental diferente que me ha permitido posicionar a una nueva persona en el lugar de importancia que merece mi situación actual.

En la vida, los vínculos no mueren, pero sí se transforman. Con el tiempo, comenzamos a ver a las personas de una manera muy diferente, independientemente de que estemos enamorados o no.

Muchas veces es nuestro mismo ego el que se encarga de aferrarse a las personas, gobernados por la mentira de que no vamos a poder seguir sin aquella persona o que la necesitamos para sentirnos completos. ¿Cuántas parejas no conoces que se juraron amor eterno y hoy en día no se determinan? Personas que en su momento tuvieron un vínculo tan fuerte que les permitió construir juntas y vivir momentos importantes. Sin embargo, hoy en día los sentimientos se han transformado y comparten un cariño especial, pero como pareja ya no se aman. Así como también nos encontraremos con aquellos casos en los que, aunque un día fueron todo, hoy en día no son nada, y si se ven, no se conocen.

Lo anterior demuestra la impermanencia en nuestra vida, lo cual significa que muchas cosas son temporales. Tanto nuestras relaciones, las circunstancias e incluso nuestra vida, ya que es un hecho que todos nos iremos de esta tierra.

Con esto no quiero decir que el amor no exista, pero sí quiero poner en un contexto más realista que el amor se construye día a día, y para que este pueda permanecer a lo largo del tiempo, es necesario que la otra persona esté involucrada en el proceso y comparta ese mismo deseo. De lo contrario, el amor deja de ser en esencia lo que es para convertirse en una carga emocional.

Comprender entonces que las relaciones están sujetas al cambio, que por mucho que intentemos inmortalizar los vínculos ellos cambian conforme las circunstancias cambian. Porque también es una realidad que, para cada etapa de nuestra vida, coincidimos con personas diferentes que vendrán a acompañarnos en las diferentes fases que enfrentemos, y esto también debe ser percibido como un milagro.

Es necesario aprender a disfrutar de lo que hay, pero también tener en cuenta que cada momento que pasamos tristes, desgastados y angustiados es tiempo que dejamos de disfrutar. La clave está en comprender que los cambios, a veces, vienen de ciertas sacudidas que nos obligan a desafiar nuestras propias creencias y despojarnos de temas que ya no nos sirven para avanzar. Ver los vínculos como un intercambio de energía que tiene que fluir sin forzar, sin querer manipular. Que la unión con otra persona debe ser fuente de tranquilidad y no un problema adicional.

Así que te invito a practicar la gratitud y a reflexionar sobre las situaciones o relaciones en tu vida que han cambiado. ¿Cómo te sentiste al respecto? ¿Qué miedos tenías al realizar estos cambios? ¿Cómo terminaste sorprendiéndote? Y ¿qué experiencias nuevas lograste conocer a raíz de ese cambio?

MANTRA RACIONAL
PARA SOLTAR UNA SITUACIÓN O PERSONA:

"Dejo ir con amor lo que ya no me sirve, o lo que ya ha cumplido un ciclo en mi vida. Reconozco que todo en la vida es impermanente y que, al soltar, abro espacio para nuevas oportunidades. Dejo ir el peso de la espera, la incertidumbre y de todo aquello que pueda robarme la paz. Confío en que lo que es para mí llegará a mí y me encontrará en el momento preciso. Me acerco a lo que quiero en mi vida, y sé que llegará sin tener que forzar nada.

"Confío en que mi paz interior es la prioridad más grande en este momento, y mucho más importante que cualquier cosa externa, así que suelto con tranquilidad todo lo que ya no me pertenece o ya cumplió su tiempo conmigo".

HABLÁNDOTE A TI MISMO

Las afirmaciones tienen un efecto significativo en tu vida a nivel del lenguaje, pues de tanto repetir algo terminas creyendo y actuando, o no, en función de ello. La forma como te hablas a ti mismo ejerce una gran influencia en lo que crees y haces.

Estamos a solas con nosotros mismos veinticuatro horas al día. No te despegas de ti mismo ni para ir al baño, dormir, ni cuando estás con otras personas. En ese sentido, el diálogo que tienes contigo mismo es fundamental, debido a que eres la persona que más te habla. Procura que esa forma como te hablas sea constructiva y que pueda brindarte esperanza.

¿Quién no quisiera tener una persona al lado que le imparta ánimo todo el tiempo? Los seres humanos buscamos a menudo la validación externa, pero no siempre ocurre de esa forma, y por eso debes tener la capacidad de autorregularte y autoconsolarte. Cuando logres desarrollar ese diálogo interno con el que no te sientes solo, sino que estás en compañía de ti mismo, habrás ganado demasiado y ya no dependerás de la disponibilidad de nadie más para que pueda alentarte.

PERDONAR NO SIGNIFICA RECONCILIARSE CON EL OFENSOR

En este capítulo final te compartiré algunas dinámicas para que evalúes y transformes ese diálogo interior y practiques el perdón, las cuales consisten en revisar tu diálogo interno y evaluar de qué forma sueles dirigirte a ti mismo. Luego haz una lista de personas con las que sientes que tienes que hacer las paces. Aclaro que no es necesario que vayas y les pidas perdón o que ellas te otorguen el perdón, porque el perdón no depende de nadie que no seas tú mismo. Elabora una lista de esas personas a las que alguna vez has ofendido, y también puedes hacer una de situaciones o personas a las que tienes que perdonar.

Después busca toda la información que te pueda llevar hasta ese perdón. El perdón es aceptación y es cambio; la aceptación de que no tenías los recursos en ese momento que te permitieron ver esa situación de cierta manera. Un ejemplo de empezar a perdonar sería: "Me voy a perdonar y voy a aceptar esa situación, pues ya no hay nada que pueda hacer para cambiarla, y me merezco seguir adelante". O "me voy a perdonar, puesto que ya no me hace bien pensar en esa situación, aparte, me hace sentir culpable y no quiero sentirme más de esa manera".

Si quien te hizo daño te puede otorgar ese perdón, fabuloso, no obstante, muchas veces no va a suceder, por diversas razones, tales como si la persona falleció o si no tiene contacto contigo. Por eso el perdón es aceptación, es estar en paz con la situación, más allá de esperar que el otro te conceda su perdón o te dé su aprobación.

Hay a quienes les cuesta perdonar, dado que atravesaron una situación muy dolorosa, y en esos casos no siempre va a llegar la petición de perdón de parte de quien les causó daño. Por eso, más que validación es aceptar la situación y estar en paz con ella. Incluso, no necesariamente tiene que ser un proceso de aprendizaje, pues podemos aprender de diversas maneras que no son dolorosas.

El punto central es que si logras ver la pérdida o esa situación dolorosa como una circunstancia con la que puedes estar en paz y que no te perturbe o te robe la tranquilidad de forma permanente, a pesar de que no haya sido el aprendizaje que querías, te estarás liberando de ella y de la culpa que te produce en todos los sentidos.

El perdón implica trabajar la aceptación y el merecimiento. Se trata de que entiendas que tienes que velar por ti y por tu bienestar, en vista de que mereces salir de todo el rollo en el que estás envuelto, mereces dormir en paz, mereces relaciones más saludables, mereces ser aceptado por un nuevo grupo de personas. Esta nueva versión es diferente.

Es una realidad que el perdón está muy romantizado, y creo que por eso causa tanto fastidio cuando se habla de perdonar. Es comprensible que muchos no quieran perdonar a las personas que les hicieron mucho daño. Por eso entiende algo: el perdón no es para esa persona, esa persona ni siquiera se va a enterar de que la estás perdonando. El perdón es para ti.

Es válido y aceptable que no sientas el deseo de perdonar; no estás obligado a perdonar a alguien que jamás sentirá el dolor como lo sentiste tú. Sin embargo, es importante que entiendas que vivir con resentimiento o estar pendiente de quien te hirió, saber qué hizo o alegrarte por sus desgracias no te permitirá vivir una realidad diferente, sino agotadora y desgastante.

EL PERDÓN NO ES PARA ESA PERSONA. ESA PERSONA NI SIQUIERA SE VA A ENTERAR DE QUE LA ESTÁS PERDONANDO. EL PERDÓN ES PARA TI.

El perdón es la aceptación de la situación para que te puedas liberar de ese rencor que te mantiene ocupado, que no te deja dormir, no te deja vivir y que hasta te está enfermando por permitir que esa persona te ofenda, de hecho, le estás dando la oportunidad para que te dañe incluso mucho más.

Es allí donde te toca hacer un balance y conceder el perdón, sea que la persona lo sepa o no; en primera instancia lo estarás haciendo por ti, porque lo mereces. Incluso, si te parece que el quererte en este momento es un acto egoísta, pero que viéndolo así te hace sentir bien, es válido, y si todo ello implica que tienes que volverte egoísta, entonces la conclusión de este libro es que por tu paz y bienestar serás egoísta.

Además de que hay acontecimientos que se escapan de nuestro control. En ese tipo de situaciones debes tener presente y saber que no elegiste que esa situación ocurriera; no fue tu culpa en ningún momento, merecías respeto como persona y como ser humano, y si hubieses sabido que eso te iba a suceder lo habrías evitado a toda costa. Es decir, no fue un acto premeditado que elegiste.

Así como no puedes prevenir de ahora en adelante todo lo malo que te pueda pasar, pues no es posible, te corresponde aceptarte ahora, aceptar la situación que sucedió en ese momento y aceptar lo que venga de aquí en adelante, ya que no tienes forma de predecir lo que va a pasar en tu vida. Cuando te ubicas en esa situación no solo aceptas lo que pasó, sino que te das el espacio y el permiso de equivocarte; eres un ser humano y al fin y al cabo también cometes errores.

Perdonar es difícil, sin embargo, es necesario para tu tranquilidad y tu desarrollo como persona. Los procesos de sanación y evolución ameritan paciencia y disposición, así que no abandones tu proceso antes de que termine; esto es un cambio de hábito y de vida, y cuando decides emprender tu proceso de sanación tienes que estar consciente de que de ahí en adelante tendrás que cambiar cosas en tu entorno y en todo aquello que no contribuye a tu crecimiento.

DINÁMICA DE HOY: DÁNDOLE PASO AL PERDÓN

El perdón es un acto muy interesante, porque marca un final y, a la vez, un nuevo comienzo. Te invito a responder estas preguntas como un ejercicio para abrirle las puertas al perdón. Cuando perdonamos a otros y nos perdonamos a nosotros mismos, podemos sanar y darles la bienvenida a nuevas etapas de evolución en nuestra vida.

- ¿A quién o qué situaciones necesito perdonar?
- ¿De qué forma ha impactado mi vida lo que sucedió?
- ¿Cuál ha sido mi mayor lección a raíz de lo que me sucedió?
- ¿Qué emociones aún siento cuando pienso en lo que me hicieron?
- ¿De qué manera estas emociones me afectan en mi relación con otros y cómo sería diferente si no sintiera esto?
- ¿Hay alguna situación de mi vida en la cual haya actuado como el ofensor y haya necesitado el perdón?

Escríbele una carta a la persona que necesitas perdonar y exprésale que no quieres nada pendiente con ella. Recuerda que perdonar no implica reconciliación. Puedes explicarle cómo te hizo sentir y cómo te afectó. Al finalizar la carta, dile que ya no hay nada pendiente, porque te vas a hacer cargo de ti mismo.

No es necesario que entregues la carta, pues este es un ejercicio simbólico que te ayudará a sentirte en paz contigo mismo para seguir adelante.

CONCLUSIÓN

Espero que al finalizar este libro hayas logrado reflexionar acerca de la manera en la que te relacionas con los demás y contigo mismo. Es mi esperanza que esta lectura te motive a dar el paso de estructurar límites, a perdonarte, a practicar la autocompasión y a desarrollar la paciencia que necesitas para que continúes con tu proceso.

Comprender tus heridas, tu método de crianza y tus síntomas a nivel psicológico te acercará más a la solución de tu problema, pues ignorar nuestras vivencias del pasado no nos permite conocernos a un nivel más personal e íntimo.

En tus manos está interpretar, cambiar y sanar tu historia para que modifiques comportamientos de rechazo y abandono hacia ti mismo y hacia los demás; también para que logres vincularte de manera más profunda y genuina con personas que estén en tu sintonía, que puedan quererte y apreciarte por lo que eres.

Por otra parte, quiero decirte que, si te identificaste con alguna de las afecciones mentales expuestas, quiero que comprendas que la lectura de este libro no está diseñada para que te autodiagnostiques, pero sí para ponerles nombre a ciertos síntomas que experimentas con la intención de acercarte un poco más al tratamiento de tus heridas. Siempre he pensado que el conocimiento es poder, porque nos permite tener acceso a lugares que nunca imaginamos.

Continúa en el camino de autodescubrirte sin desanimarte. Yo sé que es difícil pasar por altos y bajos, muchas veces sin la guía o el apoyo correcto. Sin embargo, tienes que saber que todas las experiencias que has vivido hasta ahora tienen un propósito en ti, pues han formado a la persona que eres hoy en día. Así que tómate el tiempo de agradecer y darte el crédito por todas las situaciones y desafíos por los que has pasado y de los que has logrado salir adelante.

Lo que sea que estés experimentando hoy, pasará. Créeme, y te lo digo desde el fondo de mi corazón: con la interpretación correcta lograrás conectarte con el sentido de todo esto y podrás ver la vida con una visión diferente. El dolor es inevitable, pero, en definitiva, sufrir sí es opcional.

Deseo que logres sanar y acercarte a tu meta, que comiences a vivir en lugar de sobrevivir, porque como siempre lo digo: mereces ser feliz y tener relaciones interpersonales que te generen paz y tranquilidad.

Este primer libro marca el comienzo de un viaje a nivel interno. Es por ello que estoy comprometida a continuar estudiando y compartiendo con ustedes las estrategias que les han servido a otros en su proceso de sanación.

Esta obra se terminó de imprimir
en el mes de diciembre de 2025,
en los talleres de Grafimex Impresores S.A. de C.V.,
Ciudad de México.